JN116865

改革開放萌芽期の中国

ソ連観と東欧観から読み解く

編著

中村元哉

晃洋書房

目　次 ———————————————————————————

制度改革論 ———————————————————————

改革の論理を導くソ連・旧東欧諸国に対する評価 ────

総論──私たちは改革開放史をどこまで知っているのか

改革開放期を歴史として内在的に理解する

　現代中国研究者は，日本語圏であれ中国語圏であれ英語圏であれ，大国さらには強国へと変貌していった現代中国の固有性と普遍性（特殊性と一般性）を特定したい，と考えている．その研究目的を達成するために，日本や世界の現代中国研究者は，中国を大国へと導くと同時に強国へとも向かわせた改革開放の動態を社会科学の方法論で解き明かそうとしている．

　それらの関連する先行研究のうち，主要な成果とみなされているもので，かつ日本語に限定したとしても，その分量は相当数にのぼる．この限られた範囲においてさえも，次のような主要な研究潮流が明確に認められるだろう．それは，近藤邦康・和田春樹編（1993）に代表されるように，ペレストロイカと改革開放を比較することで中ソの体制や思想の異同を解明しようとした研究潮流であり，毛里和子ほか編（2000-2001）に代表されるように，改革開放によって促された多元化の力学が中国の構造をどう変動させ，中国共産党の統治下でどのように作用したのかを解明しようとした研究潮流である．そして，これら2つの主要な研究潮流から新たに生み出された問題関心は，改革開放によって政治的にも経済的にも社会的にも多元化が促されたにもかかわらず，中国共産党の強靭な体制がそれらをどのようにしなやかに包摂してきたのか，ということだった．近年では，その成果が英語でも積極的に発信されている（Kajitani, Kai, Kamo, Tomoki 2022）．

　これらの日本における先行研究は，今後も改革開放期の動態を考察するうえで大いに役立つことだろう．なぜなら，どんなに少なく見積もっても，その学

術性の信頼度は，政治イデオロギーを背負わざるを得ない現代中国の同時代的考察よりも，はるかに高いからである．

　しかし，日本語か中国語か英語かを問わず，現時点の判断基準から過去を振り返ろうとすることは，当時の文脈に即してその当時を理解することよりも外在的にならざるを得ない．この一般論について，私たちの研究グループのメンバーは，リベラル・デモクラシーを含む「戦後民主主義」を歴史的かつ内在的に考えることの重要性を読者に訴えかけて，以下のように説明している．

　　現在の判断基準から過去を理解するアプローチにおいては，過去のそれぞれの時点でさまざまな社会の人びとがどのような共同体的な意思決定のあり方を望み，受け入れてきたのか，という政治体制の意味の次元は視野の外におかれる．この次元は，体制の正統性の問題と関連する．研究者がある体制の制度やパフォーマンスを外在的にいかに評価しようとも，体制の存続にとって重要なのは，その成員が一般的支持を与えていることであり，外在的評価と内在的意味づけは一致するとは限らない．しかも，この双方が時間とともに変化する可能性があるため，過去の体制について評価を行う際には，歴史的視角の持つ意味は小さくない．[2]

　本書も，改革開放の動態を歴史として内在的に理解しようとするものである．それは，いわば西村成雄・国分良成 (2009)，味岡徹 (2019) およびGewirtz, Julian (2022) のような中国近現代政治（体制）史研究を進展させるための取り組みである．[3]

　このように私たちが内在的な改革開放史研究に取り組むにあたって，実は，改革開放がいつから始まったのかを確定することが大きな課題となる．改革開放は，中国共産党の公式見解にしたがえば，1978年の中国共産党第11期3中全会から始まったことになっている．しかし，改革開放の萌芽は，少なくとも1970年代前半の西側諸国との関係改善の前後にはみられたものだった．また，改革開放という中国語が公の場（中国共産党機関紙『人民日報』）で正式に使われるようになったのは，1980年代前半に入ってからだった．しかも，改革開放が実際に軌道に乗ったのは，1992年の鄧小平(1904-1997年)による南巡講話以降だっ

た（高原明生 2011；高原明生・前田宏子 2014）．つまり，改革開放の出発点に対する理解は複数あり得るのである．そのため，本書は，幅のある改革開放の出発点を改革開放萌芽期と呼ぶことにし，その時期を1970年代前半から1992年までと緩やかに定義しておきたい．

　それでは，改革開放史研究の新たな境地を開拓しようとする本書は，まず何を目ざさなければならないのだろうか．

改革開放萌芽期を対象とする実証的研究基盤の重要性

　たしかに，改革開放期を改革開放史として歴史的にとらえようとする意欲は，これまでにもあった．私たちは，改革開放をめぐる世界的な研究潮流をつぶさに観察してみると，日本や中国においては，その意欲が高まっていたことに気づかされる．日本では，加藤弘之・久保亨（2009），久保亨・加島潤・木越義則（2016），久保亨（2020），中兼和津次編（2021）が代表例であろう．中国では，蕭冬連（2008），趙智奎編（2008），張平編（2009），曹普（2016），李忠杰（2018），『改革開放40年』編写組編（2018），曲青山・黄書元編（2018），欧陽淞（2018），曲青山（2019），蕭冬連（2019）などがあり，2020年代に入ってからも関連する研究成果は出版されている．それらのなかには，日本との関係史を整理した全国日本経済学会・中国社会科学院日本研究所編（2019）などもある．

　とはいえ，日中間の研究動向には決定的な違いがある．日本の研究者は，たとえ公開されている史資料に制約があったとしても，改革開放萌芽期を中国近現代史のタイムスパンのなかに位置づけることで，何らかの連続性や必然性を歴史から発見しようとしている．これに対して，中国の研究者は，蕭冬連など一部の学者を除いて，改革開放が公式に始まった1978年から30周年ないしは40周年にあわせて改革開放萌芽期を記念史的に回顧する傾向にあり，そのオーラルヒストリーも含めて，ときに中国共産党の統治の成功を証明するためのプロパガンダの一翼を担うことさえある．だからこそ，日本の研究者は，改革開放萌芽期の歴史性を探求することで客観的で強固な中国近現代史理解を獲得できるのではないか，とますます考えるようになった[4]．

　しかしながら，そのような取り組みは空転するかもしれない．自身の研究活動に引きつけていえば，改革開放萌芽期の政治史や思想史を中国近現代史のなかに定位しようとした中村元哉編（2018）があるとはいえ，このチャレンジで痛感させられたことは，そもそも基礎的な史資料の収集と分析が圧倒的に不足しているという現実だった．現状では，毛里和子・国分良成ほか編（1994-1996）を凌駕するものは，いまだ見当たらない．とりわけ，改革開放萌芽期のうち1980年代を対象とした実証的研究基盤は，あまりにも脆弱である．このままでは，新たな改革開放史研究に着手することなど夢物語に終わることだろう．

新たな改革開放史研究のために
——改革開放萌芽期のソ連観と東欧観を把握する

　それでは，改革開放萌芽期の研究基盤を整備するにあたり，どの時期のどのようなトピックを最優先すればよいのだろうか．

　私たちは，まず次の２点を重視すべきだと判断した．１点目は，改革開放萌芽期の中国がソ連（ソヴィエト社会主義共和国連邦）や東欧（旧東欧）[5]諸国の経験を踏まえながら政治や経済や社会といった広範囲にわたる領域で重要な改革を様ざまに立案し，それらのいくつかを実行したのが主に1980年代だった，という歴史的事実である．２点目は，1980年代の中国がソ連や旧東欧諸国の何をどのように評価し，そのような意味でのソ連観や旧東欧観に基づいて，どのように自己を変革しようとしたのかを整理すれば，なぜ1990年代の中国がソ連のようには解体せず，旧東欧諸国のようには政治的民主化を達成しなかったのかを知り得るのではないか，という１つの仮説である．つまり，1980年代を中心とする改革開放萌芽期の中国と世界との同時代性を当時の中国のソ連観や旧東欧観から把握することが何よりも優先されるべきだと判断した．

　その際に，私たちは，ソ連史研究者（松戸清裕氏），チェコスロヴァキア研究者で比較政治研究者（中田瑞穂氏），ヨーロッパ政治研究者で比較政治研究者（網谷龍介氏），ルーマニアの東アジア観に精通している研究者（ホルカ イリナ氏）から助言を得ながら，当時のソ連や旧東欧諸国の歴史を特徴付けていた概念や制

度を選定した．さらに，現代中国政治学者（加茂具樹氏）の知見を借りながら，それらを精選し，それらのキーワードが改革開放萌芽期の中国においてどのように認識され議論されていたのかを重点的に解明することにした．私たちがこの選定と精選の過程で参考にした研究成果は，下記のとおりである．

・網谷龍介・上原良子・中田瑞穂編（2019）『戦後民主主義の青写真──ヨーロッパにおける統合とデモクラシー』ナカニシヤ出版．

・伊藤武・網谷龍介編（2021）『ヨーロッパ・デモクラシーの論点』ナカニシヤ出版．

・加茂具樹（2013）「現代中国における民意機関の政治的役割──代理者，諫言者，代表者．そして共演．」『アジア経済』第54巻第4号．

・加茂具樹・林載桓編（2018）『現代中国の政治制度──時間の政治と共産党支配』慶應義塾大学出版会．

・加茂具樹（2020）「継承された改革と継承されなかった改革──中国共産党が提起した社会協商対話制度と協商民主制度」『アジア研究』第66巻第3号．

・中田瑞穂（2012）『農民と労働者の民主主義──戦間期チェコスロヴァキア政治史』名古屋大学出版会．

・中田瑞穂（2021）「人民民主主義・民主主義・ポピュリズム──チェコスロヴァキアの1940年代」『東欧史研究』第43号．

・松戸清裕（2011）『ソ連史』筑摩書房．

・松戸清裕（2017）『ソ連という実験──国家が管理する民主主義は可能か』筑摩書房．

・マゾワー，マーク〔中田瑞穂・網谷龍介訳〕（2015）『暗黒の大陸──ヨーロッパの20世紀』未来社．

・HOLCA, Irina（2016）, "Romania and Japan: Real and Imaginary Encounters at the Turn of the 20th Century", *Analele Facultății de Limbi și Literaturi Străine, Universitatea Creștină "Dimitrie Cantemir"*, vol. 16, no. 1.

　この選定と精選の過程から浮上した注目すべき概念や制度は，各領域にまたがっている．たとえば，政治の領域でいえば，人民主権を制度化した選挙制は

そもそもソ連と中国で似て非なるものだったことから，[6)] 中国がソ連や旧東欧諸国の選挙制をどのように観ていたのかを把握することが重要となる．経済の領域でいえば，改革を促したい中国が，ユーゴスラヴィアの企業自治や社会所有制[7)]をどのように観ていたのかに加えて，グローバル化によって国有企業や計画経済のあり方を変化させながら人権をも拡大させていった旧東欧諸国の動きをどのように観ていたのかもポイントになる．社会の領域でいえば，当時のソ連や旧東欧諸国では国家（または政府）と社会の関係を改革する際に労働者や労働組合〔「工会」〕のあり方が争点となっただけに，同時代の中国が労働者や労働組合とどのように向き合おうとしていたのかも重要となる（小嶋華津子 2021）．あるいは，思想の領域でいえば，ソ連が路線闘争史を基調としたスターリン主義の歴史観（『全連邦共産党（ボ）歴史小教程』）を早々に放棄したにもかかわらず，改革開放萌芽期以前の中国は，このスターリンモデルに固執しながらマルクス主義の中国化（脱ソ連化）を図ろうとしたのであり（石川禎浩 2017），だからこそ，改革開放萌芽期の中国が，ソ連のイデオロギー統制や言論の自由をどのように評価していたのかも明らかにされなければならない．

中国のソ連化とは？

　私たちがここで想起すべきは，中国が1949年に中華民国（民国）から中華人民共和国（人民共和国）へと移行した際に，その「ソ連化」がどの程度だったのかについて研究が蓄積されてきた，ということである．日本語圏では，ソ連科学アカデミー極東研究所編〔毛里和子・本庄比佐子訳〕（1977）や山極晃・毛里和子編（1987）がその嚆矢であろう．また，中国語圏や英語圏では，沈志華（2009a；2009b）やBernstein, Thomas P., Li, Hua-Yu（2010）〔中国語版：白思鼎・李華鈺編（2019）〕が包括的な考察をおこなっている．博士学位請求論文も含めるならば，Li, Jie（2017）など一読に値する成果も出されている．さらに，各領域を個別具体的に検討した研究としては，現代中国法であれば高見澤磨・鈴木賢・宇田川幸則・徐行（2022）が，憲法史であれば韓大元編（2012）が，宣伝史であれば余敏玲（2015）が，科学技術史であれば張柏春ほか（2004）が参考になる．

このように関連する先行研究は，予想以上に豊富である．それらの研究から私たちが現時点で総合的に読み取らなければならないことは，中ソ対立という事実からも連想されるように，中国が必ずしも全面的に「ソ連化」していたわけではなく，分野や時期によってその度合いに濃淡があった，ということである．

たしかに，「1970年代末から80年代にかけての主要な立法は，おおむね1950年代以来継受されていたソ連の法学説を実定化したもの」であり，法制度の実態に注目すれば，1980年代においてもなお「ソ連憲法からの影響は顕著」だった（高見澤磨・鈴木賢・宇田川幸則・徐行 2022：43・45-46頁）．しかし，法制度のあり方をめぐっては，民国期と人民共和国期の法の継承性を争った議論が1950年代後半（反右派闘争）もしくは1970年代末から1980年代前半にかけて展開されたように，法の「ソ連化」をめぐる程度や解釈が同時に争われていた（西村幸次郎 1983）．実際，対外開放にかかわる渉外経済法に即していえば，「西側の法がまったく影響していなかったわけではな」かった（高見澤磨・鈴木賢・宇田川幸則・徐行 2022：43・45-46頁）．また，Bernstein, Thomas P., Li, Hua-Yu（2010）によれば，計画経済システムを除けば中ソ間には様々な差異が存在し，余敏玲（2015）によれば，中ソの宣伝政策とその実態も異なっていた[8)]．あるいは，連邦制を採用したソ連とそうではない中国とでは，熊倉潤（2020）によれば，民族自治のあり方にも違いがあった．計画経済にしても，その直接の歴史的起源は民国期の資源委員会による統制経済政策や東北（旧満洲）地域で先行していた国有化の経験にある，とも理解できるかもしれない．さらに，劉顕忠（2019）や孔寒冰・韋沖霄（2019）が中国のソ連研究と旧東欧諸国研究を総括した際に，孔は次のような興味深い指摘をおこなっている．

　改革開放の実質は，内政と外交の両方面におけるソ連モデルの弱体化だった．（中略）．中ソ関係が緊張していたことから，中国がソ連から直接学ぶことは不可能であり，東欧諸国のうち，とりわけ中国がかつて厳しく批判した"現代修正主義国家"，たとえばユーゴスラヴィア，ハンガリー，ポーランドなどから間接的に学ぶしかなかった（孔寒冰・韋沖霄 2019，139頁）．

中国とソ連・旧東欧諸国の関係性から導かれる論点

　もっとも，中国におけるソ連の影響が皆無だった，と主張したいわけではない．研究者の問題関心に応じて，その影響力のとらえ方がそれぞれに異なることはむしろ自然なことであろう．しかし，少なくとも，その影響がどの分野でも大きかったはずだという固定観念は取り払ったほうがよさそうである．たとえば，毛沢東（1893-1976年）が1950年代後半から権力を党に高度に集中させようとしたことは中国のスターリン化であって，その他もすべてセットになった「ソ連化」だったわけではない．こうして幅をもたせて解釈できれば，改革開放萌芽期の経済改革がソ連よりも旧東欧諸国の政策や学説からより大きな影響をうけていたことを自ずと理解できるだろう．

　経済改革をめぐる中国と旧東欧諸国との関係性の源流については，Gewirtz, Julian（2017）が明らかにしている．関連する人物を具体的に列挙するならば，民主主義と市場メカニズムが社会主義においても必要だと主張したポーランドの学者ブルス（1921-2007年／1979年から1980年と1985年に訪中），『人道的な経済民主主義のために』（1979年）の著者で中国に労働組合の直接選挙を提言したチェコスロヴァキアの学者シク（1919-2004年／1981年に訪中），多くの人びとに「体制転換が必要だ」と認識させた『不足の経済学』（1980年）の著者で，そのほとんどの著作が中国語に翻訳されたハンガリーの学者コルナイ（1928-2021年／1985年に訪中）となる（中兼和津次 2009）．

　ブルスは改革開放萌芽期の価格改革に影響を与えた海外学者の一人だが（Weber, Isabella M. 2021），そのブルスと同程度に中国の経済改革に大きな影響を与えたのがシクだった．シクの『社会主義下の計画と市場』（1967年）は，経済改革派の呉敬璉（1930年-）によって中国に紹介された．そして，シク本人は，1981年に劉国光（1923年-）によって中国に招聘された．社会主義と市場メカニズムを結び付けたシクの市場社会主義モデルは，「経済体制改革に関する初歩的意見」（1980年）をまとめた薛暮橋（1904-2005年）の物価管理制度改革の主張とも一致するものであり，シクの中国での活動を記録した報告書は，劉国光を

介して当時の国務院総理趙紫陽（1919-2005年）の元にも届けられた（呉敬璉2015；Gewirtz, Julian 2017）．

　本書も，人民共和国期における「ソ連化」の度合いには濃淡があり，旧東欧諸国からの影響にも注意しなければならない，という前提に立っている．言い換えれば，中国のソ連観と旧東欧観をバランスよく読み取らなければならない，ということである．

　ところが，上述した関連研究を振り返った場合，とても興味深いことがある．それは，改革開放萌芽期の中国のソ連観や旧東欧観に特化した研究がほぼ見当たらない，ということである．研究動向を整理した劉顕忠（2019）や孔寒冰・韋沖霄（2019）は，せいぜいソ連観や旧東欧観の一端を示したに過ぎない．あるいは，同時代の観察記録も残されているが[14]，それらは学術研究ではない．中国では，中国社会科学院ロシア東欧中央アジア〔俄羅斯東欧中亜〕研究所（2016）が公刊されているが，改革開放萌芽期のソ連観や旧東欧観を本格的に分析した研究はまだ深まっていない．だからこそ，改革開放萌芽期のソ連観や旧東欧観を整理する基礎的な研究は，すこぶる先駆的な意義をもつ．

　本書は，改革開放萌芽期の中国がソ連や旧東欧諸国のように経済（体制）改革を実践したにもかかわらず，ソ連や旧東欧諸国のようには政治（体制）改革を加速させなかった点に注目して，選定と精選によって浮上した政治（体制）改革にかかわるキーワードをさらに絞り込んだ．具体的には，党の権力，国家と自治，労働者の自主性，民主と法治（「民主と法制」／「社会主義的法治国家」），多党制，選挙制，幹部制（人材の育成と任用），公開性である[15]．そして，これらの政治体制改革のポイントの背後に広がっていた，いわばソ連や旧東欧諸国の経験から導き出される政治改革全般ないしは改革全般の論理である[16]．

　ちなみに，改革開放萌芽期の政治（体制）改革については，趙紫陽（2010），同ほか（2022），呉国光（2023）などの当事者の回想録が参考になる．これらの回想録は，その他の関係者の回想録やヴォーゲル，エズラ・F.（2013）をはじめとする鄧小平研究を活用しながら批判的に検証されなければならない．しかし，胡耀邦（1915-1989年）が中国共産党総書記（1981-1987年〔党主席を含む〕）に就任して以降，その最終局面から第二次天安門事件（「六四」／1989年）までの間に

政治（体制）改革論を牽引した趙紫陽（中国共産党総書記 1987-1989年）が次のような信念をもっていたこと，そして，趙紫陽を中心とする政治体制改革検討チームの一員だった呉国光（1957年- ）が次のように当時を記憶していることだけは確認しておいてよいだろう．

　　共産党による支配体制は変わらないが，統治の方法は変えなければならない．すなわち共産党の指導という基本的枠組みのなかで，多種多様な社会集団からのより幅広い政治参加を認める．「人による統治（人治）」から「法による統治（法治）」へ，少しずつ移行させていく．そして，憲法で規定されているたくさんのすばらしい事柄を，一つ一つ実現していくのだ（趙紫陽ほか 2022：202-203頁）.

　　〔趙紫陽が中国共産党第13回党大会でおこなった〕報告では，政治体制改革についてまるまる１章が費やされた．そのなかで，たとえば，（多岐にわたっている）国家公務員制度をいずれ政府の人事管理の体系に組み入れるべきであるということや，社会団体と政治組織にさらなる自主性を与えるべきであるといった，いくつかの革新的な取り組みが示された．このとき，外国の中国専門家たちは「改革の動機は官僚の責任を高め，効率を上げることであり，権力に民主主義的な制約を課すことではないらしい」と理解していた．しかし，趙が「戦略の策定と幹部の人事に対する党の直接の介入を制限し，より多くの責任を政府に引き渡す．立法権を全国人大に与え，司法の独立を裁判所に与える」と明確に述べていたこともまた事実である（呉国光 2023：205頁〔一部改変して引用〕）.

学術誌「ソ連東欧問題」

　本書は，『ソ連東欧問題〔「蘇聯東欧問題」〕』を取り上げる．その理由は，同誌が改革開放萌芽期の主要な政治思想の一部を体現すると同時に当時の政治や社会に対して一定の影響力をもっていたからである．この学術誌は，1981年に中国社会科学院ソ連東欧研究所によって隔月刊として創刊された．

　改革開放萌芽期の中国では，改革を後押しする政治思想が強まった．鄧小平

が1980年に「党務と政務が混同し，党が政府にとって代わるという問題の解決に手をつける」と発言して（「党と国家の指導制度の改革について〔「党和国家領導制度改革」〕」），その演説が1986年に『人民日報』に再掲されると，政治体制改革の機運が高まった．それにともなって，「政治体制改革研究」叢書，「政治体制改革の研究と資料〔「政治体制改革研究与資料」〕」叢書，「未来に向かう〔「走向未来」〕」叢書が相次いで編纂され，大きな注目を浴びた．この重要な政治思想を牽引した書き手の多くが『ソ連東欧問題』に必ずしも関与したわけではなかったが，これらの叢書で取り上げられた問題群は『ソ連東欧問題』でもしばしば話題になった．たとえば，「未来に向かう」叢書の羅首初・万解秋『新しいモデルの模索──ソ連と東欧の経済改革の理論と実践〔「探尋新的模式──蘇聯和東欧経済改革的理論与実践」〕』（四川人民出版社，1987年）や王逸舟『ポーランド危機〔「波蘭危機」〕』（四川人民出版社，1988年）の論点は，『ソ連東欧問題』からも読み取れる．

　さらに，『ソ連東欧問題』の執筆陣には，シク招聘を実現して報告書を趙紫陽に届けることに貢献した劉国光らが含まれている．また，同誌は1990年代にもソ連や旧東欧諸国に関する分析を継続しておこない，その分析結果の一部が中国共産党第16期4中全会（2004年）の決定に活かされた[18]．『ソ連東欧問題』のソ連観や旧東欧観は，間違いなく，改革開放萌芽期からその直後にかけて，現実の政治や社会に対してインパクトを与えた．

　以上のことから，『ソ連東欧問題』は，改革開放萌芽期のソ連観や旧東欧観を分析するうえで最も優先されなければならない学術誌である．こうした重要性を帯びた『ソ連東欧問題』の歩みについては，『俄羅斯中亜東欧研究』雑誌史編纂小組編（2006）が詳しく論じているため，同書を参照しながら紹介しておきたい[19]．

　『ソ連東欧問題』を主管したソ連東欧研究所は，1965年に中国共産党中央対外連絡部（中連部）によって設置され，1980年に中国社会科学院に移管された．この学術誌は，おおよそ75％がソ連関連の文章，25％が旧東欧諸国関連の文章という割合で構成され，1993年からは『東欧中央アジア研究〔「東欧中亜研究」〕』に改称された．この名称変更は，外交部がソ連崩壊後に「ソ連東欧司」を「東欧・中央アジア司」に改称し，ロシアを旧東欧諸国に分類したことに対応した

ものだった．しかし，大国としてのロシアの国際的地位が正しく反映されていないと考えられるようになったことから，同誌は2003年に『ロシア中央アジア東欧研究〔「俄羅斯中亜東欧研究」〕』に，2013年にはさらに『ロシア東欧中央アジア研究〔「俄羅斯東欧中亜研究」〕』に名称を変更して現在に至っている．

創刊当時から内部刊行物だった『ソ連東欧問題』は，1989年第4期から国内外に公開される予定だった．しかし，「六四」の余波をうけたせいか，その決定は一旦取り消された．結局，一般の出版物に変わったのは，1993年に『東欧中央アジア研究』へと改称された直後のことだった．

創刊初期の責任者（「主編」）は，ソ連東欧研究所所長の劉克明（1919-2012年／所長は1983-1986年），副責任者は徐葵（1927年-），金揮（不詳），韓維（不詳）だった．編集委員会は17名の委員によって構成された．のちに『ロシア中央アジア東欧研究』副主編として活躍した常玢（1955年-）によれば，創刊当初から中心的な役割を果たしたのは徐葵（1927年-）だった（『俄羅斯中亜東欧研究』雑誌史編纂小組編 2006）．その徐が責任者（1987-1999年）に抜擢されると，簡隆徳（1935年-）が徐体制の前半期約7年間の総編集長（1986-1993年）を務めた．ちなみに，2021年時点の『ロシア東欧中央アジア研究』雑誌顧問委員には王偉光（不詳），劉国光，何方（1922-2017年），李鳳林（不詳），徐葵，李静杰（1941年-），李永全（1955年-），陸南泉（1933年-），譚秀英（不詳）が名を連ねており，劉国光とともに徐葵が依然として中核メンバーであることがわかる．

『ソ連東欧問題』が創刊された当初，中国はまさに改革開放政策を推進しようとしていた．鄧小平が「世界政治に対する研究を強化せよ」との方針を打ち出すと，学術機関と学術誌が続々と誕生した[20]．ソ連や旧東欧諸国を専門に分析した学術誌に限ったとしても，約20種類にも及ぶ専門誌が1980年代に創刊され，ソ連・旧東欧諸国に関する地域研究はアメリカ（米国）研究に次ぐ勢いを誇った．むろん，それらのすべてが良質な学術誌だったわけではない．それらのほとんどは1000部から5000部程度の内部刊行物であり，掲載された内容は専門的な論説よりも翻訳された文章のほうが多かった（常慶 1986；楊成 2011）．

しかし，そうした発行状況にあって，『ソ連東欧問題』だけは別格だった．同誌は，実証研究に基づく論説を他誌以上に掲載し，政府との結びつきの強い

中国社会科学院によって発行されたこともあって，政策提言につながる可能性
を秘めた史資料の収集や分析をおこなっていた．『ソ連東欧問題』は，ソ連や
旧東欧諸国を研究する学術誌としては，最重要な位置づけを与えられていた（常
慶 1986）．その創刊の趣旨には，世界平和を維持するためにソ連の覇権主義を
研究すること，社会主義国家として大きな貢献を果たしたソ連の歴史的経験と
教訓を研究すること，ソ連と旧東欧諸国の関係および旧東欧諸国の経験と教訓
を研究することが課題である，と記されていた[21]．

　では，このような目的を達成するために『ソ連東欧問題』に収録された論文
のうち，どの論文がとりわけ重要だったのだろうか．創刊当初の注目すべき論
文は，『歴程』によれば，以下のとおりである．

- 李静杰「ソ連の拡大戦略におけるワルシャワ条約機構〔「蘇聯拡展戦略中的華沙
  条約組織」〕」（1981年第 2 期）．
- 陳輝「レーニン・スターリン時期の農作物買い付け制度とその価格政策〔「列寧,
  斯大林時期農産品的採購制度和価格政策」〕」（1981年第 2 期）．
- 程極明「ソ連覇権主義の歴史的起源を試論する〔「試論蘇聯覇権主義的歴史根源」〕」
  （1981年第 3 期）．
- 王器「スターリン時期の知識人問題〔「斯大林時期的知識分子問題」〕」（1981年第
  3 期）．
- 張康琴「重工業から工業化の実現を目ざすソ連の経済発展モデルを評価する
  〔「評蘇聯従重工業開始実現工業化的経済発展模式」〕」（1982年第 1 期）．
- 葛霖生「レーニン・スターリン時期のソ連の経済発展戦略を論ず〔「論列寧斯
  大林時期的蘇聯経済発展戦略」〕」（1982年第 2 期）．
- 張景林「目下の反覇権闘争に関する幾つかの問題を試論する〔「試論与当前反覇
  闘争有関的幾個認識問題」〕」（1982年第 6 期）．

これらのリストから読み取れることは，反覇権主義が1980年代初期の主要な争
点であり，ネップを指導したレーニンの経済思想を含むソ連の経済発展のあり
方が大きな関心を呼んでいたことである．
　つぎに，1980年代から1990年代初頭にかけての主要な関心は，どこにあった

のだろうか. 『歴程』によれば, 以下のとおりだった.

- ・ソ連における経済発展戦略と経済改革
- ・ソ連における計画経済管理システムの改革
- ・ソ連における価格システムの改革
- ・ソ連における科学技術政策とその管理システムの改革
- ・ソ連における外国貿易管理システムの改革
- ・ソ連および旧東欧諸国における政治・経済システムの改革およびその指導的思想と原理
- ・ソ連・旧東欧諸国における経済システム改革の比較
- ・ソ連の「発達した社会主義」理論[22]
- ・中国とソ連および旧東欧諸国との関係
- ・ソ連と旧東欧諸国の相互関係に関する比較研究
- ・ソ連と旧東欧諸国の社会科学研究
- ・世界各国の学者によるソ連と旧東欧の研究

　これらの研究テーマは, 当時急務だとされていた中国の経済改革と深くかかわっていた. そのため, 『歴程』は, さらに以下の論文に注目すべきだと指摘している.

- ・劉清鑑「ゴルバチョフの経済戦略と経済改革〔「戈爾巴喬夫的経済戦略和経済改革」〕」(1986年第2期).
- ・張宗諤「ソ連の経済発展戦略の転換〔「蘇聯経済発展戦略的転変」〕」(1987年第1期).
- ・何剣「ソ連の経済体制改革が引き起こすモデルの転換〔「蘇聯的経済体制改革将導致模式転換」〕」(1987年第1期).
- ・梅文彬「ソ連の経済管理体制改革30年〔「蘇聯経済管理体制改革30年」〕」(1987年第3期).
- ・陸南泉「経済の国際化を促すソ連の政策を分析する〔「対蘇聯推行経済国際化政策的分析」〕」(1989年第4期).

・張礎「ソ連の所有制理論とその改革をめぐる新たな変化〔「蘇聯所有制理論和改革的新変化」〕」（1990年第3期）.

・董輔礽「ソ連の経済改革をめぐる幾つかの問題を論ず〔「談談蘇聯経済改革的幾個問題」〕」（1990年第6期）.

・高徳平「旧東ドイツにおける国営経済の私有化〔「原民主徳国地区的国営経済私有化」〕」（1991年第5期）.

・朱暁中「コメコンの解体と東欧経済の軌道修正〔「経互会解体与東欧経済転軌」〕」（1992年第6期）.

　　しかし，改革開放萌芽期の中国がソ連・旧東欧諸国の経済改革の教訓を活かすためには，経済体制を支える政治体制についても自ずと議論を深めるほかなかった．事実，『ソ連東欧問題』は，ソ連・旧東欧諸国の政治体制改革を全般的に分析しており，『歴程』によれば，それらのなかでもとりわけ下記の論文が重要だったとのことである（太字の論文は本書で解説している）.

・李元書「全連邦共産党（ボリシェヴィキ）の高度な集権化がソ連の政治体制に与えた影響を論ず〔「論聯共（布）的高度集中対蘇聯政治体制的影響」〕」（1986年第3期）.

・鄭異凡「『全人民国家』──探究に値する一つの理論問題〔「『全民国家』──一個値得探討的理論問題」〕」（1987年第4期）.

・董暁陽「ソ連東欧国家の社会主義自治を比較する〔「蘇聯東欧国家的社会主義自治比較」〕」（1987年第4期）.

・常玢「ブルガリアの指導〔「領導」〕幹部の業務能力を養成し向上させる組織システム〔「保加利亜培養和提高領導干部業務能力的組織系統」〕」（1988年第4期）.

・王正泉「ソ連の三度にわたる政治体制改革を論ず〔「論蘇聯政治体制的三次改革」〕」（1988年第5期）.

・呉建軍「ソ連の社会主義自治を論ず〔「談蘇聯社会主義自治」〕」（1989年第1期）.

・劉克明「社会主義に対するソ連の再認識を論ず〔「論蘇聯対社会主義的再認識」〕」（1989年第4期）.

・姜長斌「ソ連の発展戦略と民主的社会主義化のプロセスを探究する〔「蘇聯的

発展戦略和民主社会主義化進程探討」」(1990年第4期).

　・邢広程「『混乱をしずめて正常に戻す』ことから初歩的な改革まで──フルシ
　チョフの政治体制改革の歴史的軌跡〔「従「撥乱反正」到初歩改革──赫魯暁夫政
　治体制改革的暦史軌跡」」」(1991年第1期).

　以上のような『ソ連東欧問題』の特徴は，改革開放萌芽期の中国がソ連や旧
東欧諸国の経済（体制）改革のみならず政治（体制）改革にも敏感に反応してい
たことを示している．しかも，即時的な分析のみならず歴史的な分析も重視し
ていたことを示している．こうした深みのあるソ連観や旧東欧観は，改革開放
萌芽期の中国において，どのような改革の議論を呼び覚まし，どのような教訓
を導き出したのだろうか．それらは，本書から読み取れるだろう．

改革開放萌芽期のソ連・東欧研究

　ところで，改革開放萌芽期のソ連観や旧東欧観の形成に大きな役割を果たし
たと考えられる主要な研究者とは誰だったのだろうか．関連する情報と併せて
整理しておきたい．

〈主要な研究者〉

葉蠖生（葉季龍／1904-1990年）

　『ソ連東欧問題』の発行母体となった中国社会科学院ソ連東欧研究所の初代所
　長を務めた．彼は，民国期の中央大学に入学後，東京へ留学した．日本でマル
　クス主義を受容して帰国した後，1932年に中国共産党に参加し，その後は延安
　で新華社，マルクス・レーニン学院，中国共産党中央宣伝部などを渡り歩いた
　(1937-1947年)．人民共和国成立後は，出版総署編審局局長，出版総署党グルー
　プ〔「党組」〕書記，マルクス・レーニン学院第一分院党史教研室主任，同教育長，[23]
　中国共産党中央対外連絡部ソ連東欧処処長（？）などを経て，文革後には北京大
　学教授などを歴任した．

劉克明

　『ソ連東欧問題』が創刊された当時の中国社会科学院ソ連東欧研究所所長だっ

た. 彼は, 1938年に中国共産党に参加し, 翌年に陝北公学を卒業すると, 瀋陽
市中蘇友好協会組織部副部長, 同秘書長などを務めた. 人民共和国成立後は,
1958年から1966年にかけて中国共産党中央対外連絡部ソ連東欧処 (局) 副処 (局)
長を, 1969年からは中国共産党中央対外連絡部ソ東組組長などを歴任し, 1976
年から1980年にかけて中央対外連絡部ソ連研究所所長を務めた. その後, 中国
社会科学院ソ連東欧研究所所長に任ぜられ (1981-1985年), ほぼ同時期に『ソ連
東欧問題』の責任者を務めた (1983-1986年). ソ連・旧東欧問題および中ソ関係
のスペシャリストの一人だった. 主要著作には,『劉克明集』(中国社会科学出版社,
1999年), 共編『ソ連政治体制70年〔「蘇聯政治体制70年」〕』(中国社会科学出版社,
1990年), 共編『レーニンからゴルバチョフまで——ソ連社会主義の変転〔「従列
寧到戈爾巴喬夫——蘇聯社会主義的演変」〕』(東方出版社, 1992年) がある.

〈『ソ連東欧問題』にかかわった研究者〉

徐葵

　民国期の朝陽大学で法学を学び, 1976年から1980年にかけて中国共産党中央
対外連絡部ソ連研究所副所長などを歴任して,『ソ連東欧問題』の創刊時にはそ
の実質的な中核人物として活躍し, 責任者も長く務めた (1987-1999年). 中国社
会科学院ソ連東欧研究所でも所長を務め, 中国ソ連東欧学会の理事長にも就い
た. 主要著作には,『ソ連興亡史論〔「蘇聯興亡史論」〕』(人民出版社, 2004年) な
どがある.

李静杰

　1965年に南京大学でロシア語を学んだ後, 中国共産党中央対外連絡部や中国
社会科学院ソ連東欧研究所で勤務し,『ソ連東欧問題』の後継誌である『東欧中
央アジア研究』,『ロシア中央アジア東欧研究』の責任者を務めた (2000-2003年).
専門はソ連史で, 主要編著には『ロシアと現代世界〔「俄羅斯与当代世界」〕』(世
界知識出版社, 1998年) などがある.

邢広程 (1961年-)

　1983年に吉林大学歴史学部を卒業した後, 中国社会科学院ソ連東欧研究所で
研究に従事した. 2004年から『ロシア中央アジア東欧研究』の責任者を務め,

ソ連東欧研究所を改称（2002年）して設立されたロシア東欧中央アジア研究所所長にも任命された（2005-2009年）．主要著作には，『ソ連最高指導部の政策決定70年——レーニンからゴルバチョフまで〔「蘇聯高層決策70年——従列寧到戈爾巴喬夫」〕』（中国社会科学出版社，2007年）などがある．

呉恩遠（1948年-）

1981年に四川大学で歴史学を学んだ後，ブルガリアのソフィア大学やソ連のモスクワ大学で歴史研究に従事した．1993年には中国社会科学院世界歴史研究所副所長に，その後は同院マルクス主義研究院の党委員会書記などを歴任し，2009年にはロシア東欧中央アジア研究所所長に就いた．主要著作には，『ソ連史論〔「蘇聯史論」〕』（人民出版社，2006年）があり，日本語のインタビュー記事「中国社会科学院マルクス主義研究院呉恩遠氏——ソ連崩壊の原因について語る」（『社会主義』第552号，2008年）がある．

簡隆徳

中国社会科学院ソ連東欧研究所所長の経歴や『ソ連東欧問題』責任者の経歴はないが，重要な人物である．簡は，1960年に北京外国語学院を卒業後，中国社会科学院東南アジア研究所に勤務した（1962-1972年）．その後，同院ソ連東欧研究所（後の東欧・中央アジア研究所）で研究に従事することになり，「六四」を含む約8年間，『ソ連東欧問題』の編集長を務めた．専門は旧東欧諸国および中央アジア諸国の政治経済論である．

〈『ソ連東欧問題』の周辺にいた主要な研究者〉
銭俊瑞（1908-1985年）

中国経済学の大家である．1935年に中国共産党に参加した後，1954年から1963年にかけて中ソ友好協会総会秘書長を務め，中国ソ連東欧学会の初代理事長に就いた．

馮紹雷（1949年-）

華東師範大学「国際関係と地域発展研究」院院長，同ロシア研究センター主任，中国ロシア東欧中央アジア学会副会長などを歴任した．専門はロシアの政治外交および国際政治論であり，主要著作には『制度の変遷と対外関係——1992年

以降のロシア〔「制度変遷与対外関係——1992年以来的俄羅斯」〕』（上海市人民出版社，1997年）がある．

　実は，この最後に紹介した馮の経歴にある華東師範大学も重要な学術機関だった．というのも，改革開放萌芽期には，北京と上海にそれぞれソ連・旧東欧諸国を分析する主要な研究センターが設立され，北京の中心が中国社会科学院ソ連東欧研究所であったのに対して，上海の中心は，華東師範大学と上海社会科学院が共同で設立した上海ソ連東欧研究所だったからである．この研究所は，1980年代に上海市長を務め，のちに台湾との交渉役として活躍することになった汪道涵（1915-2005年）の理解と尽力によって設立された．そして，主要な学術誌も北京と上海でそれぞれ発行され，北京の主要誌が中国社会科学院ソ連東欧研究所の『ソ連東欧問題』だったのに対して，上海の主要誌は上海ソ連東欧研究所が発行した『今日ソ連東欧〔「今日蘇聯東欧」〕』だった（孔寒冰・韋沖霄 2019）．

　学術誌『今日ソ連東欧』は，上海ソ連東欧研究所の研究成果を公開する媒体として1981年に創刊された．当時の中ソ関係は約20年悪化したままだったが，中国が改革開放を推進するのであれば，いずれ中ソ関係は好転するはずであり，その時のために，ソ連や旧東欧諸国に対する理解を深めておくべきだとの認識の下，同誌は創刊された．

　『今日ソ連東欧』は，当初，正式な出版物ではなく，関係者および関係機関に寄贈されていただけだった．その後，この学術誌は，1983年に内部刊行物として隔月で発行されるようになり，[24]ソ連解体後には『今日前ソ連東欧〔「今日前蘇聯東欧」〕』に，さらに1995年には『今日東欧中央アジア〔「今日東欧中亜」〕』に改称されて，公開出版されるようになった．華東師範大学ロシア研究センターが設立されると，『今日東欧中央アジア』は『ロシア研究〔「俄羅斯研究」〕』に改称されて，現在に至っている．

　『今日ソ連東欧』は，文化大革命（文革）収束直後の知識人たちに対して，ソ連および旧東欧諸国の動態を研究するための貴重な情報を提供した（姜琦・趙泓 1997）．しかし，この学術誌は，研究論文と各種の動向紹介を混在させた一

種の時事誌だった．そのため，『ソ連東欧問題』ほど重視はされなかった．それでも，随時組まれた特集テーマは，ソ連の幹部体制（1983年第3期），ハンガリーの経済体制とその改革（1983年第4期），コメコン（1984年第1期），アンドロポフ（1914-1984年）政権（1984年第2期），ソ連の経済改革（1985年第4期）といった具合に時宜に適ったものが多く，1986年から1989年にかけては，ソ連のゴルバチョフ（1931-2022年）政権による諸改革が多角的に紹介されたり，ハンガリーの政治改革が紹介されたりしていた．その上，旧東欧諸国に関する文章も全体の約4分の1程度を占め，ソ連と旧東欧諸国のバランスにも配慮していた（徐剛2020）．見方によっては，『今日ソ連東欧』は，ソ連や旧東欧諸国の激動の情勢を記録しただけでなく，それらにタイムリーな論評を的確に加えていた，とも言い得る（趙泓 2011）[25]．

本書の結論

本書を手に取って下さった方々は，これらを前提知識として本書を熟読して下されば，改革開放萌芽期の中国がソ連や旧東欧諸国をどのように観察し，自らをどのように変革しようとしたのかを実証的に理解できるだろう．

まず，編者の責任において，本書に収録された各論から読み取れるソ連観や旧東欧観を思い切って整理すると，次のようになる．

〈1・2・4・8・9・10より〉

一部のソ連研究者は，ネップを実践したレーニン（1870-1924年）の諸改革を肯定し[26]，集権化へと向かったスターリン（1878-1953年）の諸改革を否定し，その集権化の是正に取り組んだフルシチョフ（1894-1971年）の改革を部分的に肯定しながらも不完全だった，とみなした[27]．こうした大まかなソ連観を背景として，一部の知識人（たとえば李元書や王正泉や邢広程といったソ連研究の大家）は，中国がまず経済（体制）改革に取り組むにしても，中国共産党があらゆる領域を「領導」（強制力をともなった指揮命令権に基づいて指導）[28]する硬直した政治体制を柔軟なものへと組み替えなければならず，そのためには党の権力を一定程度縮小せざ

るを得ない，と認識するようになった．

〈2・3・4・10・11〉

　しかし，政治体制改革の程度がソ連の改革，とりわけゴルバチョフの改革のように民主化を促すような程度にまで至ってよいのかについては，様ざまな観方があった[29]．だからこそ，当時の一部の知識人は，ソ連の民主化の基盤になり得ると考えられていた自治のあり方やその改革の方向性にも関心を示した．その際に，中国に先行して（もしくは同時進行で）諸改革に取り組んでいた旧東欧諸国の自治のあり方についても注目した．とりわけ，労働者の自治の仕組みを含む国家・社会関係がソ連とは異なっていたポーランドやユーゴスラヴィア[30]には強い関心を示した．なお，『ソ連東欧問題』の別の論文では，「体制転換」の必要性を唱えたコルナイの出身国で旧東欧諸国のなかで最も早くIMF（国際通貨基金）に加盟したハンガリーの経験，市場社会主義モデルの実践者シクとのつながりの強いチェコスロヴァキアの経験[31]（「プラハの春」以降の経験）が独自の社会主義路線を目ざす中国にとっては分析に値する[32]，とも観られていた．

〈5・6・7より〉

　体制転換を促す可能性のある選挙制や多党制については，議論はさほど深まらなかった．議論が展開されるにしても，そこでは価値中立的なソ連観や旧東欧観が示され，それらが改革開放期の政治体制改革を具体的に後押しすることはほとんどなかった．また，一般論として，体制改革を実行するためには新たな人材が必要になるが，そうした人材の育成と任用にかかわる幹部制に関する議論についても，同様だった．しかし，これらのソ連観や旧東欧観は，中国共産党にとって都合のよいもののみを取捨選択するための，いわば価値中立を装ったソ連観や旧東欧観だった可能性もある．

　むろん，編者によるソ連観と旧東欧観に関する以上のようなまとめは全面的なものではない．また，改革開放萌芽期の中国のソ連観や旧東欧観がソ連や旧東欧諸国の実態（本書収録の「Column」）とどのようにシンクロするのかも解明

されなければならない.

とはいえ, 1つだけ確かな事実がある. それは, 1990年代以降の中国がソ連のみならず旧東欧諸国とも異なる道を歩んだ, ということである. その事実が暗示していることは, 改革開放萌芽期の中国のソ連観や旧東欧観の奥底には, 中国近現代政治体制史に内在する独自の改革の論理と改革の実践を阻むような社会構造が存在していたのではないか, ということである.

皇帝政治に終止符を打った共和国の民国は, 直接選挙制による強い議会を制度化した (金子肇 2019). その後の民国は, 権力の集中と分立をめぐって紆余曲折を経ながらも, 中央レベルでの直接選挙制 (国民大会と立法院) と間接選挙制 (監察院) を併用した権力分立型の中華民国憲法体制を1947年以降に実施して共和制を立て直そうとした. しかし, この権力分立型の政治体制は, 中華民国憲法の継承を拒絶して内戦に勝利した毛沢東によって完全に解体されてしまった (中村元哉 2022).

中国共産党は, 人民共和国の成立からしばらくは, 人民民主主義 (新民主主義) に基づく統一戦線的な政治体制を採用したが, 朝鮮戦争による内外情勢の緊張を背景に, 中央レベル (全国人大) での直接選挙制を回復させることなく, 党が国家を一元的に指導する権力集中型の中華人民共和国憲法 (54年憲法) 体制を構築した. 計画経済を実行に移していたことから, ソ連流の集権的社会主義体制を確立した, とも言い得る.

ただし, 注意すべきは, この時期の党と国家 (政府) の関係性がソ連と同じように二元的な構造を維持しており, その政治体制が「複合的一元化」体制だったことである. その後, 中国共産党も, スターリン批判がおこなわれたソ連共産党第20回党大会をうけて, 党政関係の見直しを含む民主的改革を中国共産党第8回党大会 (1956年) で課題とせざるを得なくなり, 法治を重視する声に耳を傾けざるを得なくなった.

ところが, 中ソ間の亀裂が密かに走り始めると, 独自路線の追求へと舵を切った毛沢東は, 反右派闘争と「大躍進」政策を開始 (それぞれ1957年と1958年) して, 経済面の地方分権化を促してソ連流の社会主義体制から離脱していき, 政治面では「党政合一」の体制, いわば「絶対的一元化」体制を確立するに至った.

その極みが，文革期の政治体制だった．中央では毛沢東が，地方では各地方の党委員会書記が皇帝のように君臨した（田中信行 1993）．

　以上のように中国近現代の政治体制は推移した．だからこそ，文革路線からの転換を図った中国共産党第11期3中全会（1978年）は，計画経済体制の改革に加えて，政治（体制）改革にも着手せざるを得なくなった．この時期の政治（体制）改革のポイントは，同時代のソ連や旧東欧諸国の社会主義民主の限界性を歴史的教訓としながらも，ソ連とは異なる「絶対的一元化」体制をそもそもどのように改変するのかにあった．

　たしかに，1980年代のソ連と中国は法制改革を重視した．ソ連では，ゴルバチョフがソ連共産党書記長に就任（1985年）してペレストロイカを開始すると「社会主義的法治国家」の建設が重視され，中国では，文革路線からの転換を象徴する「民主と法制」が1970年代末からスローガンとして掲げられた．しかし，ソ連では社会主義民主の限界をどのように克服するのかが課題であったのに対して，中国では社会主義民主の回復をどのように達成するのかが課題であったという具合に，それぞれの出発点が異なっていた．[33]

　だからこそ，1980年代初頭の中国共産党は，社会主義民主の限界を克服するための選挙制や多党制や人権論を深める前に，社会主義民主の回復を達成するためにも，まずは党があらゆる領域を指導する硬直した政治体制を柔軟なものへと組み替えなければならない，つまり，党の権力を一定程度縮小しなければならない，と自ずと認識するようになったと考えられる．事実，1980年代の中国共産党は，鄧小平の発言（前述）を契機として，党の指導の実態と形態を調整する議論を重ねていき，「絶対的一元化」体制を変革しなければならないとする自己認識を強めていった．[34]　そのため，『ソ連東欧問題』は，中国で先行していた経済（体制）改革の議論と実践を踏まえながら，どのような政治（体制）改革が必要なのかをソ連や旧東欧諸国のかつての改革（社会主義民主を回復するための改革）の経験も含めて学び取り，それらを1980年代後半から積極的に話題にするようになった．

　鄧小平を中心とする指導層は，1980年代半ば以降，中国共産党と政府，軍，各種の社会団体との関係のあり方を幅広く検討し始めた．中国共産党第13回党

大会（1987年）の趙紫陽による報告では，党の指導は政治指導に限定され，その指導の範囲から従来のような組織指導や思想指導が削除された．つまり，党の権力は，党の政治指導を前提として，一部では維持ないし強化されようとした反面，一部では緩和されつつあったのである．たとえば，党グループは，人大や中国人民政治協商会議（政協）では強化されようとしたのに対して，行政機関などでは廃止されつつあった（加茂具樹 2006：253-263頁；呉国光 2023：198-205頁）．

　こうした中国の内在的論理は，鄧小平のように「共産党と国の活力および効率を高めること，言い換えれば，行政改革」の次元に止まる論理（趙紫陽ほか 2022：186頁）を主としながらも，趙紫陽のように選挙制度の拡大，人権の保障，制度化された多元主義の実現を目ざす論理（宗 2008；味岡 2019；石井 2019；趙紫陽ほか 2022）や，改革派知識人のように行政改革の次元を飛び越えて文字どおりの党政分離を志向する論理なども混在させるようになった．しかし，ここで重要なことは，これらの論理がいずれも経済体制改革の不備を克服するために一時的に強まっただけのようにみえたとしても——実際，社会生活を脅かすほどのハイパーインフレが1988年頃から発生すると，政治体制改革を求める声が強まった——，それらが既述したような中国近現代政治体制の変遷とそのなかで現れた中長期的な中国近現代政治思想の流れとどのように共鳴し合っているのかを分析することである．そして，これらの内在的な論理のうち，党政分離の志向性が，「六四」へと至る中国共産党指導部の権力闘争によって封じ込められたとはいえ，なぜ社会に拡大しなかったのかを，その社会構造から引き続き検討することである．

　以上のような本書の見通しが今後の改革開放史研究の基盤となって，なぜ中国がソ連や旧東欧諸国とは異なる道を歩むことになったのか，そして，当時の内在的な論理が中国近現代史や社会構造のなかでどのように位置づけられ，当時のソ連観や旧東欧観とどのようにリンクしていたのかが今後活発に議論されていくことを期待したい．

　〔付記〕本論を作成するにあたり，『ソ連東欧問題』と『今日ソ連東欧』に関する基礎情報

は，東京大学大学院研究生（当時）の宋舒揚さんと東京大学大学院修士課程（当時）の宋君宇さんに整理していただいた．この場を借りて二人には深く感謝申し上げたい．

注

1) この研究グループは，科研A「中国の改革開放萌芽期の再検討：メディア空間からみた旧東欧との分岐」（2021-2025年度）のグループである．代表者は中村元哉，分担者は網谷龍介，家永真幸，石川禎浩，加茂具樹，中田瑞穂，ホルカ イリナ，松戸清裕，村田雄二郎，吉見崇，協力者は久保茉莉子，比護遥である．また，同グループの史料講読会メンバーには，本書で各論を執筆した院生も含まれる．

2) 網谷龍介・上原良子・中田瑞穂編『戦後民主主義の青写真——ヨーロッパにおける統合とデモクラシー』（ナカニシヤ出版，2019年）1頁．なお，本書の引用文献のうち巻末の「主要参考文献一覧」に掲載されているものについては，編著者名（出版年）の形式で記した．

3) 中国近現代とは，19世紀末の清朝末期から1949年までの中華民国期と1949年以降の中華人民共和国期を指す．

4) 中国にも同じような発想はある．たとえば，孫揚「回顧と展望——中国大陸の中華人民共和国史研究」（日中関係論壇主催「中国の若手・中堅研究者との交流会：歴史学編」，オンライン，2021年9月6日）などがある．ただし，歴史の連続性や必然性ですべてを説明できるわけではないことにも注意が必要である．いつの時代にも特有の時代状況があり，不連続性ないしは時代性がある．両者のバランスを常に意識しておくことが大切である．

5) 東欧という概念は，現在もなお明確なわけではない．それは，冷戦期に西欧とソ連の間に挟まれた社会主義諸国を総称して使われた一種の歴史的概念だともいえる．そのため，本書は，当時の東欧諸国を旧東欧諸国と記すことにする．

6) 中国の全国人民代表大会（全人代または全国人大）はソ連の制度を模倣したものだったが，ソ連最高会議には直接選挙による代議員の選出を通じて民意を一定程度反映させる仕組みがあったのに対して，全国人大の代表は間接選挙によって選出された．しかも，この間接選挙の候補者の大半は中国共産党によって決定されていたことから，全国人大はソ連最高会議ほど民意を吸収できていたわけではなかった．両者の構成の仕組みは，そもそも異なっていた．なお，中国でも，ソ連と同じように，リコール（罷免）が制度化されている．1982年に全面改正された中華人民共和国憲法（82年憲法）の第77・102条および1979年に改正された選挙法第41条を参照のこと．

7) 阿部望「自主管理型社会主義の計画化システム——ユーゴスラヴィアのシステム」（『一橋研究』第5巻第3号，1980年），柳沢敏勝「連合労働組織の意義——ユーゴの労働者自主管理とテクノクラシー」（『明治大学大学院紀要 商学篇』第17号，1980年）．

8) 民国期の中国国民党と人民共和国期の中国共産党の宣伝政策とその実態も異なって

いる．民国期（おもに国民政府期）は党の組織が脆弱であり，宣伝政策は機能していなかった（余敏玲 2015，劉傑・中村元哉 2022 など）．

9）　田中信行（1993）によれば，党の一元的指導体制の内実は中ソ間で一致していたわけではなかった．詳細は本論の「本書の結論」を参照のこと．なお，法制面におけるソ連の影響を指摘する高見澤磨・鈴木賢・宇田川幸則・徐行（2022）も，82年憲法の全国人大の職権について言及した際に，「旧社会主義諸国の憲法のなかでも，中国の全国人大常務委員会ほど強大な権限をもつ類似の機関はほかに存在しない，といわれている」と指摘し，中ソ間の差異にも注意を払っている（94頁）．

10）　1968年にチェコスロヴァキアの副首相として経済改革を大胆に推し進め，同年の「プラハの春」以降，海外に亡命した．

11）　民国期から人民共和国期にかけて経済学を牽引した孫冶方（1908-1983年）と顧準（1915-1974年）の薫陶をうけ，1990年代以降はリベラル派知識人としても知られている．

12）　ソ連留学組でありながらソ連式の計画経済モデルを批判した．

13）　呉敬璉によれば，1980年代の経済改革モデルは，改良型ソ連モデル（ポスト・スターリン時代の計画経済モデル），旧東欧モデル（市場社会主義モデル），東アジアモデル（日本を含めた政府主導の市場経済モデル），欧米モデル（自由市場経済モデル）の4タイプに分類される．このうち，前二者のモデルが劣勢となり，後二者のモデルが優勢になっていった（呉敬璉 2015）．

14）　関愚謙『蘇聯東欧風雲変幻録』（信報有限公司，1991年）．

15）　当時，公式には認められていなかった人権はもちろんのこと，自由権についても積極的には論じられていなかった．当時の法理論については，石塚迅（2004）を参照のこと．

16）　改革開放萌芽期の経済（体制）改革は，呉敬璉（2007），同（2015）などに詳しい．

17）　本論末尾の「叢書一覧」を参照のこと．

18）　中国社会科学院の経済改革に対する助言は，国務院発展研究センターの活動を介して，1980年代の政策過程に反映された．その当時の中国社会科学院院長馬洪（1920-2007年）は国務院副秘書長として国務院総理趙紫陽に対して影響力をもっていたとされ，その馬が国務院発展研究センターに招聘したのが，『ソ連東欧問題』の劉国光とともにシクの経済理論の受容に貢献した呉敬璉だった（呉敬璉 2015）．また，『ソ連東欧問題』は，1990年代に入ると，ソ連や旧東欧諸国の共産党政権がなぜ崩壊したのかを研究し始めた．中国共産党の関連機関は，その『ソ連東欧問題』の諸成果も含めて，ソ連と旧東欧諸国の教訓を総括していった．その報告書は，中国共産党第16期4中全会（2004年）の「党の統治能力の建設を強化することに関する中国共産党中央の決定〔「中共中央関於加強党的執政能力建設的決定」〕」に活かされた（Schambaugh, David 2009，沈大偉 2011）．

19）　『不平凡的歴程——『俄羅斯中亜東欧研究』二十五年（1981-2006）』という書名にち

なんで，以下では『歴程』と略記する．

20）　「私たちは，長年にわたり，政治学，法学，社会学および世界政治に関する研究を無
　　　視してきた．現在，速やかに補わなければならない」との発言である（鄧小平「堅持
　　　四項基本原則」1979年 3 月30日）．

21）　『ソ連東欧問題』（1981年創刊号）に掲載された劉克明の「発刊詞」．

22）　中西治『増補 ソ連政治の構造と動態』（南窓社，1977年），同『ソ連の社会と外交』（南
　　　窓社，1986年）を参照．

23）　全国の各機関，各組織に張りめぐらされた党組織であり，いわば党の細胞ネットワー
　　　クである．

24）　上海ソ連東欧研究所が1987年に華東師範大学の単独所管になったことから，同誌の
　　　編集も華東師範大学が単独でおこなうようになった．ちなみに，華東師範大学上海ソ
　　　連東欧研究所は1999年にロシア研究センターに改称された．

25）　趙泓（不詳）は『今日前ソ連東欧』および『今日東欧中央アジア』の副編集長を務
　　　めた．

26）　金揮「ソ連の政治体制およびその改革の動向〔「蘇聯的政治体制及其改革的動向」〕」
　　　（『ソ連東欧問題』1987年第 2 期）は，ゴルバチョフの政治体制改革の方向性がレーニ
　　　ンの晩年のそれと酷似している，と指摘している．

27）　ソ連の史実については，松戸清裕『ソ連史』（筑摩書房，2011年）を参照のこと．

28）　本来「領導」と表記するのが正確であるが，本書では一般の読者に配慮して指導と
　　　表記することにする．

29）　ソ連崩壊直後のペレストロイカに対する評価は，当然に否定的だった．李静杰「ソ
　　　連共産党失敗の歴史的教訓〔「蘇共失敗的歴史教訓」〕」（『蘇聯東欧問題』1992年第 6 期），
　　　肖桂森「中央高度集権体制とソ連の変転〔「中央高度集権体制与蘇聯的演変」〕」（『蘇聯
　　　東欧問題』1992年第 6 期）．

30）　歴史的に共和政の経験を有し，1980年代に独立自主管理労働組合（連帯）の活動によっ
　　　て徐々に民主化へと向かっていった．

31）　杜徳峰・楊玉秀「チェコスロヴァキアはなぜ安定して発展しているのか〔「捷克斯洛
　　　伐克為什么能走上穏定発展的道路」〕」（『ソ連東欧問題』1985年第 4 期）．

32）　旧東欧諸国が中国の改革開放をどのように観ていたのかも興味深い（本書収録の
　　　「Column」も参照）．ソフィア大学のカンディラロフ氏（Evgeniy Kandilarov）の研究
　　　報告「Chinese reforms under Deng Xiaoping and their possible influence and impact
　　　on Bulgarian economic reforms during 1980s of the 20th century」（2022年11月 5 日，
　　　東京大学駒場キャンパス）によれば，1980年代のブルガリアは，政治体制を温存して
　　　経済体制改革を促進するモデルとして中国を評価していた，とのことである．

33）　近藤邦康ほか（1993）所収の小森田秋夫「Ⅰ　ソ連――まぼろしの『社会主義的法
　　　治国家』」を参照．

34)　呉安家（2004：428頁）は，1980年代の政治体制改革を，醸成段階（1980-1982年），準備段階（1983年-1987年10月），成熟段階（1987年10月以降）に区分できる，としている．

35)　既述したように，リベラル派呉敬璉の政治思想には民国期からの連続性がある．

【政治体制改革にかかわる叢書一覧】

①「政治体制改革研究」叢書　＊著者ピンイン順

薄貴利（1988）『近現代地方政府比較』光明日報出版社．

黎鳴（1988）『控制論与社会改革』光明日報出版社．

李培華編（1988）『発展中国家的政治』光明日報出版社．

李盛平・張明澍編（1988）『1976-1986十年政治大事記』光明日報出版社．

李盛平ほか（1989）『各国公務員制度』光明日報出版社．

────（1989）『政治体制改革的理論与実践──十一届三中全会以来』光明日報出版社．

劉河人・孫連成編（1988）『政治体制改革的基本構想──学習鄧小平「党和国家領導制度的改革」』光明日報出版社．

孫連城（1989）『社会主義初級階段与体制改革』光明日報出版社．

田口富久治ほか〔耿小曼訳〕（1988）『当代世界政治体制』光明日報出版社．

仝志敏（1988）『社会主義国家干部管理体制改革』光明日報出版社．

王志剛編（1988）『政府職能転変与機構改革』光明日報出版社．

許崇徳編（1988）『城市政治学』光明日報出版社．

張晋藩編（1988）『中国古代行政管理体制研究』光明日報出版社．

梓木ほか（1989）『民主的構思──論我国人民代表大会制度的発展与改革』光明日報出版社．

②「政治体制改革の研究と資料」叢書　＊著者ピンイン順

阿波利爾・卡特爾（Carter, April）〔範琦勇・洪建軍・徐庶訳〕（1988）『南斯拉夫的政治改革』春秋出版社．

C. 布雷徳利・沙爾夫（Scharf, C. Bradley）〔秦剛・蔡予民・田国良訳〕（1988）『民主徳国的政治与変革』春秋出版社．

遅福林・黄海編（1987）『鄧小平政治体制改革思想研究』春秋出版社．

遅福林ほか（1988）『政治体制改革基本問題探討』春秋出版社．

丁雲本ほか（1988）『社会主義集権政体的形成与演変』春秋出版社．

洪承華・郭秀芝ほか編（1987）『中華人民共和国政治体制沿革大事記──1949-1978』春秋出版社．

侯少文（1988）『党内民主研究』春秋出版社．

李永春・史遠芹・郭秀芝編（1987）『十一届三中全会以来政治体制改革大事記』春秋出版社．

李忠杰・徐耀新・魏力（1988）『社会主義改革史』春秋出版社．

聶高民ほか編（1988）『党政分開理論探討』春秋出版社．

沈栄華編（1988）『社会協商対話』春秋出版社.

斯蒂格里茲（Stiglitz, Joseph Eugene）〔曾強ほか訳〕（1989）『政治経済学』春秋出版社.

譚健・楊百揆（1987）『政府管理体制改革研究』春秋出版社.

楊百揆編（1988）『現代西方国家政治体制研究』春秋出版社.

伊夫・梅尼（Meny, Yves），文森特・頼特（Wright, Vincent）編〔朱建軍ほか訳〕（1989）『西欧国家中央与地方的関係』春秋出版社.

不明（1987）『十一届三中全会以来政治体制改革的理論与実践』春秋出版社.

③「未来へ向かう」叢書　＊著者ピンイン順／全74冊のうち政治・経済体制改革と関連のあるもののみを列記

陳漢文編（1985）『在国際舞台上——西方現代国際関係学浅談』四川人民出版社.

————（1987）『競争的的合作——西方国際経済学導論』四川人民出版社.

鄧英淘・何維凌編（1985）『動態経済系統的調整与変化』四川人民出版社.

鄧正来編（1985）『昨天今天明天——新技術革命与国際私法』四川人民出版社.

何維凌・鄧英淘（1984）『経済控制論』四川人民出版社.

金観濤（1983）『在歴史的表象背後——対中国封建社会超穏定結構的探索』四川人民出版社.

————（1987）『整体的哲学——組織的起源，生長和演化』四川人民出版社.

金観濤・唐若昕（1985）『西方社会結構的演変——従古羅馬塔到英国資産階級革命』四川人民出版社.

李醒民（1984）『激動人心的年代——世紀之交物理学革命的歴史考察和哲学探討』四川人民出版社.

林一知（1987）『凱恩斯理論与中国経済』四川人民出版社.

羅首初・万解秋（1987）『探尋新的模式——蘇聯和東欧経済改革的理論与実践』四川人民出版社.

茅于軾（1985）『択優分配原理——経済学和它的数理基礎』四川人民出版社.

銭乗旦・陳意新（1987）『走向現代国家之路』四川人民出版社.

森島通夫〔胡国成訳〕（1986）『日本為什么"成功"—— 西方的技術和日本的民族精神』四川人民出版社.

汪家熔編（1985）『大変動時代的建設者——張元済伝』四川人民出版社.

王逸舟（1988）『波蘭危機』四川人民出版社.

蕭功秦（1986）『儒家文化的困境——中国近代士大夫与西方挑戦』四川人民出版社.

謝選駿（1987）『空寂的神殿——中国文化之源』四川人民出版社.

楊百揆・陳子明・陳兆剛・李盛平・繆暁井（1985）『西方文官系統』四川人民出版社.

張猛・顧昕・張継宗編（1987）『人的創世紀——文化人類学的源流』四川人民出版社.

朱光磊（1987）『以権力制約権力——西方分権論和分権制評述』四川人民出版社.

（中村　元哉）

Column 1 「民主」と「法治」という難問
——「1980年代末のヨーロッパ」からの眺め

　現在，旧西側を中心とする欧米世界の民主主義理解においては，「リベラル・デモクラシー」の名の下で法の支配や権力分立，とりわけ司法部門による政治部門の統制が重視されている．そのために法律の審査権限をもつ憲法裁判所が現在では一般的な制度となっている．その揺籃の地はハプスブルク帝国にあり，チェコスロヴァキアがオーストリアと並んで最初期（1920年）の設立事例であった．同国の1948年憲法が憲法裁判所を設けなかったこと，「プラハの春」のなかで改正された1968年憲法がこれを再導入したものの実施されず民主化後の1991年にようやく設置をみたことは，憲法裁判所と民主主義の一体性をイメージさせるだろう．とすれば本書4が「法治」を巡る議論に注目するのは的確であり，「三権分立」を強調する李永慶の主張は民主化改革を指向するうえで自然なものと映るであろう．

　ただし，この論稿を，発表された1988年の歴史的文脈に戻して考えるならば，もう少しニュアンスのある理解が必要であろう．以下3点を指摘する．

　第一に，議会立法を司法部門が掣肘するメカニズムは，この段階では西側においても完全に定着してはいない．イギリスは1972年に当時のヨーロッパ共同体に加盟し，ヨーロッパ裁判所による議会主権の制限を事実上受け入れたが，正面から承認したわけではなく，依然として国内裁判所は議会立法を審査することはできなかった．フランスでは1958年第五共和制憲法で憲法院が初めて導入されたが，人権擁護目的ではなく，定められた事項をこえた議会の行政介入を防ぐ趣旨であった．その後，憲法院は自ら役割を拡大していくが，1981年に左翼政権が成立する際には，新政権がそれを否定するのではないかと囁かれた．オランダの裁判所にも憲法に照らし議会立法を審査する権限はない．このように，ヨーロッパの伝統的民主国家において違憲立法審査は共有されていたわけではない．ドイツやイタリアはむしろ「民主主義に耐えられなかった」からこそ憲法裁判所を設置したのである．

　第二に，ここから想像できるとおり，20世紀前半から中葉の民主体制構想においては，国民の意思を反映した議会こそが意思決定の中心たるべき存在であった．

フランスにおいては議会による憲法改正が可能であり，その内容は無制約である
とされていた．先進性が強調される第一次世界大戦後ドイツのワイマール憲法も
違憲立法審査の規定はもたない．しかも，ワイマール期に裁判所の立法審査を学
説上肯定した法学者の多くは，社会主義政党が選挙により議会の多数を占め社会
化立法を制定することに対する防壁としての機能を想定していた．彼らは必ずし
も「民主」的な思想の持ち主ではない．したがって，戦後東欧の諸憲法が憲法裁
判所規定をもたなかったとしても，それをもって非民主的とはいえない．

　第三に，にもかかわらず，旧東欧における社会主義の枠内の改革構想には1960
年代から憲法裁判所設置が含まれていたのは注目に値する．上述のチェコスロヴァ
キアのほか，ユーゴスラヴィア憲法裁判所（1963），ハンガリー憲法評議会（1984），
ポーランド憲法法廷（1985），などである．ソ連の社会主義的法治国家論への李の
評価は低いが，同時期の旧東欧の動向については，その内発的論理がいかなるも
のか，そしてそれがソ連と旧東欧，そして中国の間の「法治」をめぐる差に繋がっ
ていないか，検討の余地があるだろう．

　とすれば，この李論文は権力分立や立憲主義の重視という点で踏み込んだ論調
と評価できるかもしれない．ただし，同稿が暗黙に参照点としている西側の制度
設計も常に揺らぎうることに注意が必要である．ハンガリーでは民主化過程で憲
法裁判所が大きな役割を果たしたが，現在，民主主義の後退のなかで司法の権限
は制約されつつある．問題を複雑にするのは，経緯を抜きにしてハンガリーの新
しい制度を評価した場合にそれが逸脱であるとは言いにくい点である．イギリス
においても，ヨーロッパ人権裁判所からの指摘で貴族院から独立した最高裁判所
に対して，保守党政権はその権限を縮小する方針を掲げている．司法が民意表出
部門をなぜ統制できるのか，どのように統制すべきかは難問であり続けている．

　　　　　　　　　　　　　　　　　　　　　　　　　　（網谷　龍介）

Column 2 ルーマニアから見た中国
──オリエンタリズムとコミュニズムの狭間

　中国を訪れた最初のルーマニア人はニコラエ・ミレスク（1636-1708）であるとされている．ただし，17世紀の時点では「ルーマニア」はまだ存在せず，ミレスクは正確にはモルドバ公国の貴族であった．自国の君主の座を狙った彼は，陰謀計画が暴かれたのちにモスクワに亡命しており，中国に旅したのはロシア皇帝の外交使節団団長としてであった．3年間（1675-1678）にわたるミレスクの長旅の様子は，一般に『中国紀行』として知られる著作において描かれている．スラヴ語で書かれたこの使節団報告書兼旅行記は，当初は手書き原稿として保存されていたのみだったが，19世紀には刊行や翻訳も進み，広く流通するようになった．こうして『中国紀行』はヨーロッパの知識人が中国の地理，歴史，社会，風俗などを知るための貴重な文献となった．

　ミレスクのテクストは1882年にルーマニア語にも翻訳され，ルーマニアの近代を貫く中国のイメージを形作った．しかし，第二次世界大戦後そのイメージは再編成されることになる．1950年代のルーマニアにおける中国は，文学評論家ジェオルジェ・カリネスク（1899-1965）の著書『我，新中国にもあり』（1955）においてみられるように，古い伝統のトポスとして再発見されながら，「新しい」社会主義の国としても強く認識されている．また，カリネスクの著書もそうであるが，その15年後に発表された小説家エウジェン・バルブ（1924-1993）の『中国日記』（1970）や，さらに8年後のパウル・アンゲル（1931-1995）による『中国一瞥』（1978）は，「西洋と東洋」の比較を中心に据え，それらとの関係性においてルーマニアの歩むべき道を模索しようとしている．ただ，カリネスクが西洋をルーマニアに深く根づいた「ヨーロッパ精神」と肯定的にとらえるのに対して，バルブやアンゲルの著書では中国文化（芸術や哲学，思想など）の優位が強調され，西側の退廃が間接的に攻撃されている．つまり，中国に赴いたルーマニアの知識人たちは，中国の古典文化や思想の特異性を指摘しながら，共産党員同士として中国人と接する中で生じた親近感に基づき，「オリエントの門」に位置する自国と「東洋」の一員である中国の歩み寄りを促そうとしている．このような文学的言説レベルでの展開は，

ルーマニア共産党総書紀ニコラエ・チャウシェスク（1918-1989）の1971年および1978年の中国訪問や，彼の中国社会主義モデルの評価とも無関係ではないだろう．

　翻訳も中国理解に重要な役割を果たしている．当初はロシア語経由のルーマニア語訳も多かったが，1956年にブカレスト大学に中国語専攻が設立されたこともあり，早くも1960年代から中国語からの直接の翻訳が主流になった．ルーマニア語で流通していた中国に関する書籍の内容は実に多様であり，童話や伝説，前近代や近現代の小説と詩が数多く翻訳され，また中国の美術や東洋医学などについての本も刊行された．なかでも，コンスタンティン・ルペアヌ（1941- ）による『鄧小平選集1975-1984』の翻訳は注目に値するが，これにはまえがき・あとがきはなく，出版に至った経緯や当時の位置づけについてはさらなる調査が待たれる．

　さらに，ルーマニアのマス・メディアにおける中国に関する言説は，徹底的な調査は難しいものの，オンライン・データベース「Arcanum Digitheca」を参照する限りでは，公式訪問が広く報道され，同じ文章（各指導者の演説など）が複数の新聞に掲載されていたことが確認される．また，1960年代は文化大革命，1980年代は中国の経済改革に関する記事が目立つ一方，天安門事件の報道はごく短い文章が１件見つかったのみである．

　本書で紹介される『ソ連東欧問題』掲載論文では，ソ連はもちろんのこと，いくつかの旧東欧の国ぐに（ブルガリア，ポーランド，ハンガリー）の例があげられ，それぞれの特殊な事情が考察の対象となっている．一方，ルーマニアは，名前こそ数カ所に出現するものの，単独で詳細に論じられることはない．各論者の関心や専門がそうさせているのかもしれないが，おそらく1970年代以降のチャウシェスクによる独裁や彼に対する人格崇拝への傾斜がルーマニアの社会主義を名ばかりのものとし，その社会主義がもはや理解可能な政治やイデオロギーと無関係なものへと変形させた結果，ルーマニアの事例は教師にも反面教師にもなり得ない，取り上げられにくいものとなったのではないかと考えられる．

（ホルカ イリナ）

制度改革論

1
政治体制改革と党の権力

　ここに紹介する論文は，李元書「全連邦共産党（ボリシェヴィキ）の高度な集権化がソ連の政治体制に与えた影響を論ず」（『ソ連東欧問題』1986年第3期）と王正泉「ソ連の三度にわたる政治体制改革を論ず」（『ソ連東欧問題』1988年第5期）である．それぞれの原題は，「論聯共（布）的高度集中対蘇聯政治体制的影響」と「論蘇聯政治体制的三次改革」である．ちなみに，全連邦共産党（ボリシェヴィキ）とは，「ロシア社会民主労働党 → ロシア共産党（ボリシェヴィキ）→ 全連邦共産党（ボリシェヴィキ）→ ソ連共産党」という変遷過程に示されるように，ソ連共産党の前身組織である．

　それでは，なぜ本論はこの2つの論文に注目するのか．その理由は，中国共産党系の学者が，ボリシェヴィキないしはソ連政治の歴史研究という装いをまといながら，中国政治の核心部分を占める党の権力のあり方を批判的に考察しているからである．しかも，その批判的考察が1987年前後になされ，当時の知識人たちの本音が刻み込まれていると考えられるからである．鄧小平が1980年に続いて1986年に再び党政分離に言及し――ただし，その党政分離は行政改革の次元にとどまるものだった――，1987年には中国共産党が「社会主義初級段階」論を提起すると，中国政治は大きく変化する兆しを見せ始めた．李元書論文（1986年6月）と王正泉論文（1988年10月）はそのような時期にそれぞれ公表されたのである．つまり，この2編は，政治改革が最も期待された時期に党の権力のあり方がどのように議論されていたのかを象徴的に表している．

　李元書（1941年- ）は，幼少期に四川の山村で暮らす苦学生だったが，その溢れる知的好奇心を満たすべく，1962年に北京大学政治学部に入学した．李は，同大を卒業後，黒龍江省に配属され，当地の社会科学院でソ連の政治制度史を研究し，1990年代半ばからは政治学の原理を探究するようになった．彼の著書

『政治発展導論』(商務印書館, 2001年) は, マルクス主義政治学を代表する学術成果の1つであり, 西側諸国とは異なる中国独自の政治の発展の法則や理論を導き出そうとした.

　このように李元書は歴史学から政治学へと比重を移していったわけだが, これに対して王正泉 (1935-2020年) は, ソ連政治史研究を貫いた. 無錫の勤労青年だった王は, 1956年に中国共産党に入党して中国人民大学に進学し, マルクス主義歴史学とマルクス主義政治学を学んだ. 卒業後は, 湖南省で社会主義教育運動 〔「四清運動」〕 に参加し (1964-1965年), 文革期には, 思想改造のために江西省の農村に送り出された (1969-1972年). しかし, 彼は, このような紆余曲折を経ながらも, 中国人民大学ソ連東欧研究所 (ソ連解体後は東欧中央アジア研究所, ロシア東欧中央アジア研究所へと改称) を中心に研究に従事した. 時期は不明だが, 国務院発展研究センターのヨーロッパ・アジア社会発展研究所の特任高級研究員や中国社会科学院世界社会主義研究センターの特任研究員を務めるなど, 政策提言に近い場で研究活動をおこなった. 主要な編著には, 『レーニンからゴルバチョフへ――ソ連の政治体制の変遷〔「従列寧到戈爾巴喬夫――蘇聯政治体制的演変」〕』, 『ソ連の発達した社会主義理論〔「蘇聯的発達社会主義理論」〕』, 『スターリンと社会主義――世界初の社会主義モデルの解析〔「斯大林与社会主義――世界第一個社会主義模式剖析」〕』などがある.

　まず, 李元書「全連邦共産党 (ボリシェヴィキ) の高度な集権化がソ連の政治体制に与えた影響を論ず」から確認しよう.

　李元書論文の狙いは, ソ連の政治体制の核心部分を占める党の権力のあり方を分析することだった. 李によれば, ソ連の政治体制の特徴はすべて「一党制, 党による政府の代行, 高度な集権化」というフレーズに集約されるという. 同論文は, これらの特徴を次のように総括している.

　　(前略) ソ連共産党自身の高度な集権化は, 国家の政治体制の高度な集権化をもたらした. ソ連邦 (「中央」) と 〔同連邦に〕 加盟している共和国の権力関係においては, 権力は「中央」に集中している. 党と国家の政権の権力関係においては, 権力は党に集中している. 幹部と人民大衆の権利関係においては, 権力

は少数の指導者，さらには個人に集中している．そのため，高度な集権化〔という政治状況〕が出現し，甚だしくは権力が個人に集中する体制がつくられた．

　このように高度に集権化された政治体制がもたらした主な弊害は，第一に，民主が不十分で，それを発揚させることが難しいことである．（中略）第二に，官僚主義が深刻で，その克服が難しいことである．（中略）第三に，活力が不十分で，それを湧き立たせることが難しいことである．（中略）

　ボリシェヴィキ時代のソ連の政治体制は，スターリンの〔正負両面の〕作用をうけて，1つの〔政治〕モデルとなった．このモデルは，以後のソ連の政治体制の発展に深刻な影響を及ぼした．スターリン死後，フルシチョフは改革を実行し，ブレジネフは調整を実施したが，ボリシェヴィキ時代に形成された基本的な政治体制は変化しなかった．つまり，一党制，党による政府の代行，高度な集権化という基本的な特徴は，何ら変わらなかった．その上，その主な弊害も，根本的には克服されなかった．だから現在，このような体制は，経済体制改革を阻害し，経済発展のスピードにも影響を及ぼしている．もし社会主義民主と社会主義経済を十分に発展させ，社会主義の優位性を十分に発揮させたいならば，高度に集権化された政治体制は必ず改められなければならず，その際に，高度に集権化された党の組織体制が最初に改められなければならない．この道理は，簡単であろう．すなわち，ソ連共産党はソ連の社会主義建設の指導者であり，党が民主化されなければ国家は民主化されず，党が権力を下部に移譲しなければ，人民が手にできる権力は限られてしまうからである（53頁）．

　中国共産党系の知識人がこれほど明確に党に集中する権力を分散させるべきだと主張した論文は，あまり見当たらない[2]．しかし，当時の知識人の間には，類似の考えがじわじわと広がっていたと推測される．だからこそ，その2年後に，次に紹介する王正泉論文が登場したのだろう．

　王正泉「ソ連の三度にわたる政治体制改革を論ず」は，ソ連の政治体制の弊害を李元書論文以上に精緻に整理し，党の権力のあり方を批判的に論じ〔ようとし〕ている．

　王正泉論文は，一党制，党による政府の代行，個人崇拝，中央集権，党政組

織の重複，幹部の人事制度，民主の欠乏，権力を監督する仕組みの欠如，安全部門の著しい特権化，社会団体の影響力の低下という10項目に及ぶソ連の問題点を指摘した．王論文によれば，だからこそ，ソ連はレーニン，フルシチョフ，ゴルバチョフが三度にわたり政治改革を実行しようとしたのだった．同論文の論法からすると，ゴルバチョフによる政治改革の成否のカギは，レーニンとフルシチョフの政治改革の失敗の教訓を活かせるかどうかにかかっていた，ということになる．

　王正泉のソ連政治史の分析によれば，レーニンの政治改革は，高度な集権化による弊害を克服するために政治体制を民主化させようとするものだった．しかし，それが成功しなかったのは，改革の提唱者レーニンが早逝してその理念を後継者に伝達できなかったこと，改革の実践を積み重ねられなかったために全体の改革プランを十分に練り上げられなかったことにあった．また，フルシチョフの政治改革は，従来の閉塞した政治体制に風穴を開けようとしたが，高度に集権化された核心部分，つまり党の権力のあり方については手をつけられなかった．このようにフルシチョフの改革が道半ばで挫折してしまったのは，王によれば次の3点に起因するという．すなわち，フルシチョフは，改革のための理論武装を十分にできず，主観主義と主意主義（voluntarism）に基づく誤った改革の方法を採用し，改革を実行する中核的集団のリーダーに改革の理念を継承できなかったからである．したがって，過去二度の未完の政治体制改革は，ゴルバチョフによる三度目の改革，すなわちペレストロイカを誘発することになり，その改革は過去の苦い経験とは対照的に，実行性をともなっているように思われた．

　王の抱くペレストロイカ観は，次のようなものだった．

　ゴルバチョフの政治改革は，1つの目標，2つの支柱，3つの政治体制改革のポイント，4つの施策をもっている．1つの目標とは，全面的な民主化である．2つの支柱とは，民主化を実現するための公開性と人民の自治を実現することである．3つの政治体制改革のポイントとは，党政分離，ソヴィエトの職権の回復，幹部制度の改革である．4つの施策とは，国家機構のスリム化，権力を監視する機関の強化，社会団体制度の確立，法制改革（民主の法制化と法制

の民主化）である．そして，ゴルバチョフは，自らが改革の必要性を深く認めると同時に，過去の政治体制を深部から分析して問題点を正確に把握することで全面的な改革の青写真を描き，全面的な改革を着実に実行するために，穏当で，かつ，下から上へと民意を反映させるような方法を採用した．ここにゴルバチョフの真骨頂があった．

　王正泉は，ペレストロイカの進捗状況を楽観的に見通していただけでなく，その実行力も高く評価した．それが明瞭にわかる一節を抜き出しておこう．

　　ゴルバチョフは「全面改革」を実行しなければならないと強調している．いわゆる「全面改革」とは，横からみれば，経済体制のみならず，政治体制，社会関係，イデオロギー部門，さらには党と幹部の活動方法といった，いわば社会生活のあらゆる領域を含んでいる．縦からみれば，上から下へと続く各階層，すなわち総書記から各個人までをもすべて含んでいる．ゴルバチョフは，各領域と各方面の改革に対して具体的な計画を策定し，長期目標と短期目標を設定した．彼は，自覚的に政治体制改革を経済体制改革と結びつけて社会全体を改革する全面的な綱領を策定しただけでなく，政治体制を改革する全面的な綱領を策定して，政治体制改革を当面の「最大のポイントとなる問題」だと位置づけた．こうして，彼は，フルシチョフのやり方，つまり，頭が痛くなればその専門医を探し，足が痛くなればその専門医を探すといったような，それぞれの改革をバラバラに実行するだけで全体を上手く調整する仕組みを欠いた局所的な改革のやり方を克服した．これが，ゴルバチョフが前任の指導者たちを大いに乗り越えた点である（18頁）．

　この王正泉論文は，一見すれば，それまでのソ連政治史の流れのなかにペレストロイカの現状を位置づけているだけの淡泊な論評に過ぎない．しかし，読み方によっては，この論文は，政治体制改革が失敗を経ながらも長期にわたって積み重なっていけば，一党独裁の政治体制も人民に開かれた民主的なものに変化し得る，と暗に主張しているかのようである．それは，「ゴルバチョフが前任の指導者たちを大いに乗り越えた」という高い評価からも読み取れるだろう．

　では，なぜ1980年代後半のソ連と中国の政治体制改革の結末は異なったのだろうか．

　王正泉は，当時，ゴルバチョフが「民主化，公開性，人民の自治」をはじめとする一連の政策によって人びとの支持と参加を広範に集めていること，ゴルバチョフ自身がこの点にこそ改革の成否のポイントがあると強調していたことに注目していた[3]．したがって，今日の視点からみれば，当時の中国にはそのような条件が整っていなかったからこそ，中国の政治体制改革は挫折した，ということになる．

　ただ，これは不十分な観方かもしれない．というのも，当時の指導者趙紫陽は，これらの条件を積極的に準備しようともしていたからである．

　結局のところ，今日の中国研究者からすれば，なぜ当時のソ連が指導者の改革の意志を支え続けられたのかは謎のままである．当時の王論文が暗示するように，政治体制改革に何度も失敗してきたソ連は，それらを克服する術を見出せていたからであろうか．それとも，中ソの現実の政治を支える制度の仕組み，いわゆる政治制度が決定的に異なっていて，中華人民共和国の政治制度は改革を阻む力学を蓄積しやすかったからであろうか．1990年代以降の中国共産党は，自らの延命と統治の正統性を確保するために，民主を重視し過ぎたペレストロイカがソ連共産党もソ連も崩壊させたと酷評しがちだが，私たち研究者は，そのような評価に目を向ける前に，中ソの政治制度の違いを突きとめなければならないだろう．

　注
　1）　本書収録「総論──私たちは改革開放史をどこまで知っているのか」を参照のこと．
　2）　李元書は，第二次天安門事件（「六四」）以降も同じ主張を展開している（「ソ連政党制度の変化〔蘇聯政党制度的演変〕」『ソ連東欧問題』1990年第1期）．
　3）　ゴルバチョフ〔蘇群訳〕『改革と新思考〔改革与新思惟〕』（新華出版社，1987年）．

（中村　元哉）

2

政治体制改革を促す国家の性質と自治のあり方

　ここに紹介する論文は，鄭異凡「『全人民国家』——探究に値する一つの理論問題」(『ソ連東欧問題』1987年第4期) と董暁陽「ソ連東欧国家の社会主義自治を比較する」(『ソ連東欧問題』1987年第4期) の2編である．それぞれの原題は「『全民国家』——一個値得探討的理論問題」と「蘇聯東欧国家的社会主義自治比較」であり，公表時期はいずれも1987年8月である．

　なぜ，この2編を取り上げるのか．その理由は主に3つある．

　第一の理由は，1987年という時期にある．中国現代史研究者ならば誰もが知っているように，党政分離による政治的民主化に理解を示してきた胡耀邦総書記は，その積極的な政治姿勢が仇となって，この年に解任されてしまった．そのため，当時の中国社会は，政治体制改革のみならず改革開放路線そのものが後退してしまうのではないかと大いに危惧した．そこで，胡の後を引き継いだ趙紫陽は，そのような社会不安を払しょくすべく，党政分離に関する重要講話を発して，中国共産党第13回党大会 (1987年10月) で新たな理論 (「社会主義初級段階」論) を提起することで，改革を後押しする諸政策を正当化しようとした．しかし，このような革新的動きは，政治的民主化に歯止めをかけたい保守勢力からの反発を惹起した．こうして政治体制改革をめぐる中央政治の攻防が激しさを増すなか，革新 (改革) 勢力か保守勢力かに関係なく——保守と形容された一部の勢力は行政効率の向上という観点から党政分離を容認する場合もあったため，改革と保守という区分は適切ではない——，彼ら政策立案者に参考になり得る情報を提供する可能性のあった中国社会科学院の知識人たちは，同院主管の『ソ連東欧問題』で，ソ連や旧東欧諸国の政治体制をどのように評価していたのだろうか．これは，詳細に検討されるべき課題である．

　第二の理由は，1980年代の政治体制改革論を政治的民主化の可能性と関連づ

けて分析する際に, 当時の中国の知識人たちが国家の性質をどう考えていたの
か, あるいは, 自由を方向付ける国家と社会と個人の結節点としての自治のあ
り方をどう考えていたのかは, 不可避の論点だからである. この2編には, こ
れらの論点がすべて含まれている.

第三の理由は, この2編の書き手がいずれも1980年代の中国においてソ連お
よび旧東欧諸国の情報分析を牽引していた主力だったからである.

鄭異凡 (1935年-) は, 1952年に復旦大学に入学し, 1954年から1959年までソ
連のレニングラード大学で歴史学を専攻した. 帰国後は, 中央編訳局研究員,
ロシア研究センター顧問, 中国社会科学院東欧中央アジア研究所ソ連研究セン
ター副主任, 北京大学兼任教授などを歴任した. その主要著書には, 『白鳥の
歌——レーニンの後期思想との対話〔「天鵝之歌——関於列寧後期思想的対話」〕』(遼
寧教育出版社, 1996年),『不惑集』(遼寧教育出版社, 2000年) などがある. 鄭は,『レー
ニン全集〔「列寧全集」〕』中国語版の校訂者の一人としても知られ, 『ソ連 "無産
階級文化派" 論争資料〔「蘇聯 "無産階級文化派" 論争資料」〕』(人民出版社, 1980年)
などの編訳にもたずさわると同時に, 沈志華主編『ソ連歴史档案選編〔「蘇聯歴
史档案選編」〕』全34巻 (社会科学文献出版社, 2002年) の副主編も務めた. その後,
中国のソ連・ロシア研究に長年従事してきた陸南泉, 黄宗良, 馬龍閃, 左鳳栄
らと『ソ連の真相——101個の重要な問題に対する考察〔「蘇聯真相——対101個重
要問題的思考」〕』(新華出版社, 2010年) を編集し, 自選集として位置づけられる『ソ
連春秋——革命と改良〔「蘇聯春秋——革命与改良」〕』(上海人民出版社, 2018年), 『ソ
連春秋——大転換〔「蘇聯春秋——大転変」〕』(同),『ソ連春秋——再建と転覆〔「蘇
聯春秋——改建与易幟」〕』(同) を刊行した.

董暁陽 (1954年-) は, 吉林大学でロシア語を専攻した後, 1975年に中国共産
党中央対外連絡部に配属され, 1981年に中国社会科学院ソ連東欧研究所 (現在
のロシア東欧中央アジア研究所) に異動し, 副所長などを歴任した. 主要な共著に,
張友漁編『人民代表大会制度の建設と海外議会の経験〔「人民代表大会制度建設与
国外議会経験」〕』(中国広播電視出版社, 1987年) などがある.

たしかに, この二人が現代中国において最も重視されるべきソ連研究者ない
しは旧東欧諸国研究者なのかと問われれば, そうではないと回答せざるを得な

い．なぜなら，鄭異凡の場合，そのソ連史理解は，近年，ネット上で猛烈な批判にさらされているからである．批判されている最大の理由は，鄭がスターリン，とりわけスターリンの集権的政治体制を否定的に評価してきたからである．彼は，前掲『ソ連春秋』全3冊において，ソ連崩壊の最大の原因は「硬直化した高度な集権体制が生産力の発展と社会の民主化を促さなかった[1]」ことにあると主張した．つまり，鄭自身が肯定的に評価するレーニンの緩やかな体制が1929年を境にスターリンによって変容を余儀なくされ，その負の遺産がスターリン後の諸改革においても十分に改善されないままゴルバチョフの時代を迎えてしまった，と主張しているのである．集権化へと舵を切った習近平時代において，鄭は主流の研究者になれるはずがない．また，董暁陽は，多数の専著や専論を公表してきたとはいえ，現在，研究者として名声を確立できているわけではないからである．彼は，むしろ，現状分析やその紹介に定評のある人物として記憶されている．

　しかし，二人をめぐる評価がたとえ上述のようなものであったとしても，鄭異凡は1980年代の中国において代表的なソ連史研究者の一人とみなされていた．董暁陽も，『ソ連東欧問題』を広義の意味で主管していた中国共産党中央対外連絡部から同誌の文字どおりの主管機関となった中国社会科学院ソ連東欧研究所に異動したというキャリアからしても，間違いなくソ連および旧東欧情勢分析の主流の道を歩んだ一人だった．この二人に注目すれば，当時のソ連観や旧東欧観の主要な部分はかなり明らかになる．

　それでは，鄭異凡は，当時のソ連の政治動向を観察しながら，「『全人民国家』──探究に値する一つの理論問題」において国家の性質をどのように論じたのだろうか．

　鄭異凡は，ソ連共産党が1961年に新綱領を作成し，「全人民国家[2]」論を提起したことに注目する．鄭の理解によれば，プロレタリア独裁は搾取階級の消滅を任務としている以上，搾取階級が消滅すれば，その必要性は無くなるはずであり，ソ連が搾取階級を消滅させたのであれば，新綱領のように新たな段階としての「全人民国家」へ移行するのが望ましい．ただし，このような国家の性質をめぐる議論は，フルシチョフ指導下の1960年代のソ連で突如として現れた

わけではなかった．類似の議論は1930年代のスターリン期にすでに展開されて
おり，スターリンを理論面で支えた哲学者ユーヂン（尤金／1953年から1959年まで
ソ連大使として北京に駐在）が「社会主義の下で国家を論ず」（『ボルシェヴィク』
1936年第8期）において「人民国家」論を提起していた．ここでいう「人民国家」
とは，全人民的性格を有するプロレタリア独裁の国家という意味である．

　しかしながら，ソ連共産党のいう「人民国家」論も「全人民国家」論も，正
統なマルクス主義理論からは逸脱したものだった．なぜなら，マルクスやエン
ゲルスは，階級が消滅すれば国家そのものも消滅するはずだと考えていたが，
1930年代のスターリン（を支えた理論家ユーヂン）であれ1960年代のフルシチョフ
であれ，彼らは，たとえ階級が消滅したとしても，国家の役割が残ると考え，
それを「人民国家」や「全人民国家」を理論化する過程で説明しようとしたか
らである．つまり，「人民国家」論では，独裁の期間が資本主義から社会主義
へと移行する期間に限られていたとはいえ，その間の国家による抑圧や強制は
容認された．また，「全人民国家」論では，独裁の期間が社会主義の完全なる
勝利の段階にまで延長されたことから，社会主義移行後の人民内部のゴタゴタ
の処理についても，国家による抑圧や強制は容認されることになった．実際，
1960年代以降のソ連共産党は国家による抑圧や強制の論理を放棄せず，ソ連は
「全人民国家」の理想状態からは程遠い状態にあった．ソ連において，「全人民
国家」論はかけ声倒れに終わってしまった．

　以上が，鄭異凡のソ連史理解だった．このような批判的なソ連観は，中国共
産党が中ソ対立の最中にソ連の「全人民国家」や「全人民の党」といった主張
を全面否定した政治姿勢と同質である．しかし，それにもかかわらず，なぜ鄭
は「全人民国家」論にあえて再び注目したのだろうか．深読みかもしれないが，
1960年代以降のソ連で「全人民国家」論がかけ声倒れに終わってしまったとい
う評価の根底には，中ソ関係が1980年代後半に好転しつつあった情勢下で，ゴ
ルバチョフのソ連共産党が抑圧や強制をともなわない「全人民国家」を真に実
現するのではないか，だとすれば中国も社会主義の完成形としての「全人民国
家」にソ連と同じように平和裏に移行すべきではないのか，という淡い期待感
を抱いていたからではないのか．そのように感じさせる一節が，以下に訳出し

た箇所である.

　　国家は，階級社会においては，まず抑圧の道具となる. しかし, その機能は
　抑圧のみに限定されるものではなく,「衝突を緩和させ, 衝突を『秩序』の範囲
　内に収める」作用ももっている. さらに, 現代国家は, 国家の経済活動に大き
　く介入し, 経済を調整する作用もある程度もっている. 搾取階級が残存する社
　会〔を管理する国家〕がこのような状態である以上, もし無産階級が執政するこ
　とになれば,〔その国家は〕なおさらそうである. 国家による抑圧機能以外にも,
　国家による社会経済に対する機能も速やかに整えられ, 階級矛盾が徐々に緩和
　されれば, それにしたがって経済に対する機能が大きく変わっていき, そうし
　て階級統治の形式としての国家の性質が徐々に変化することになる. 国家のそ
　れぞれの段階での機能の変化, とりわけ性質の変化は, 真剣に研究されるべき
　問題である. 現在の国家の機能と性質を正確に認識することは, 正しい政策決
　定をおこなううえで役に立ち, 階級闘争や社会主義建設における間違った方向
　性を回避するうえでも役に立つ. まさにこのような意味において, ソ連の「全
　人民国家」の理論と実践は, 我われが真剣に研究するに値するテーマである (33
　頁).

　このようなソ連観は革新と保守の間を探ろうとしていた当時の中国の知識人た
ちにはある程度共有され得るものだった, と理解するのが自然だろう.
　とはいえ, 当時の中国の知識人たちが上記のように国家の性質について検討
を積み重ねていたとしても, やはり同時に, 国家の性質を社会と個人との関係
からも再考せざるを得ない状況にあった. それならば, 国家と社会と個人の三
者の結節点である自治のあり方をめぐって, どのようなソ連観と旧東欧観が存
在し, そこからどのような中国の未来が展望されていたのだろうか.
　董暁陽「ソ連東欧国家の社会主義自治を比較する」は, ユーゴスラヴィアが
1950年代に労働者の自治を実践し, マルクス・レーニン主義思想で想定されて
いた自治を創造的に実践した, と高く評価した. 董によれば, その自治はソ連,
ポーランド, ブルガリア, ハンガリー, ルーマニア, 東ドイツへと拡大していっ
た, とのことである. 彼は, これらの自治を「社会主義自治」と呼び, その類

型化を試みようとした.

　この論文は,「社会主義自治」を３つのタイプに分類する.

　１つ目は,自治が社会政治制度の基盤として機能していたユーゴスラヴィア型の自治である.ユーゴスラヴィアは企業の労働者に対する自主管理を基本とする自主管理型の社会主義を実践し,その下での自治は社会所有制,「連合労働組織」制,代表団制から成り,[3] 所有制の主体が国家から社会に移行したことで,人民と国家の関係,社会と国家の関係が大きく変化した.つまり,このタイプの自治は,民主的な政治関係のみならず生産関係をも含むものであり,政治,経済,社会,国家の体制の要に位置づけられるものだった.

　２つ目は,民主的な政治関係を柱とするソ連型の自治である.ここでは,公民の政治参加が,直接的か間接的かを問わず,求められることになる.このタイプの自治は,政治体制を結び付ける結節点において民主的な政治関係を形成し,それを基盤にして「社会主義自治」を実践することになる.この自治では,党があらゆる関係性において最上位に位置しているが,ソヴィエトが「社会主義自治」の中核組織であり,ソヴィエトの選挙制度と各方面における活動が,ソヴィエトを国家権力機関としてだけでなく自治機関としても機能させることになる.こうした労働者集団ないしは社会団体が「社会主義自治」の核心部分を成している.つまり,「ソ連の社会主義自治は,〔人民の国家や社会に対する〕管理に関する政治プロセスと政策決定の政治プロセスをいずれも民主化していくことを重視し,人民大衆がいつでも国家や社会の〔方向性を決められるような〕民主政治にかかわる度合いを高めることを重視しているのである」.[4]

　３つ目は,地方組織と経済組織による自治であり,その他の旧東欧諸国の自治となる.このタイプの自治は,地方議会と企業の自治を中心に据え,上述の２つのタイプとは異なって,国家と社会と経済と政治が重なる領域において民主的な管理と民主的な参加を重視している.ただし,このタイプのなかにあって,ハンガリーの自治だけは地方議会を基本的な柱としている.

　董暁陽は以上のように「社会主義自治」を分類したうえで,この３種類には,それぞれ次のような本質と差異があると説明する.ユーゴスラヴィア型の自治は,社会主義制度と一体化しているという意味において全面的な自治であり,

国家消滅論に依拠するかのような，いわば国家の権力が脆弱なことを前提としている．ソ連型の自治は，党を中核とするが，その多層性と人民による監督および公開性によって国家の発展を補完するものであり，ユーゴスラヴィアほど全面的ではないが，その他の旧東欧諸国よりも広範囲にわたっている．その他の旧東欧諸国の自治は，ユーゴスラヴィアのように所有の主体を国家から社会に変更したり，ソ連のように党を内部に組み込んだりはしていない．そして，その自治の範囲がユーゴスラヴィアやソ連よりも狭いとはいえ，経済活動への介入度が高く，自治を保障する法制度もしっかりと整備されている．

　では，「社会主義自治」の理論的根拠が同一であるにもかかわらず，なぜ差異が生まれたのか．それは，各国がそれぞれの国情に合わせて社会主義制度を改革してきたからだった．この論文によれば，「社会主義自治」のあり方の違いはそれまでの改革の蓄積度合いによって異なる，ということになる．ならば，中国の場合はどうなのか．

　残念ながら，董暁陽も，この点についてははっきりと述べていない．当時の董の政治的立ち位置も，よくわからない．しかし，彼は，ソ連と旧東欧諸国とユーゴスラヴィアの「社会主義自治」には共通点があると論じた際に，その共通点の1つが間接民主制と直接民主制の方式を組み合わせた代表制にある，と指摘した．この指摘が彼の本心を言い表しているのかどうかはわからないが，少なくとも，政治体制改革の可能性が高まった1987年において，当時の知識人たちが代表制という観点からソ連や旧東欧諸国に対して肯定的な評価を下していたことだけは間違いない．[5] 以下に抄訳して，本論を終えることにしたい．

　　ソ連と東欧諸国は，社会主義を実践するなかで，間接民主制の代表制，すなわち人民が自らの代表を通じて間接的に〔国家や社会を〕管理できる制度を採用した．やがて，社会主義が発展し，人びとの民主意識と管理レベルが向上すると，各国は直接民主制を政治日程にあげるようになった．ソ連や東欧諸国が考案し実行に移した「社会主義自治」の創造性は，間接民主制と直接民主制を対立させることなく，間接民主制の代表制を直接民主制と結合させて，間接民主制の代表制に自治の要素を絶え間なく注入していることにある．〔そのうえで，〕各国

が異なっているのは，それぞれの代表制の民主が直接民主制とどの程度結びつ
いているのかという点にあり，そこにそれぞれの特徴がある．ユーゴスラヴィ
アが実践している代表制は，直接民主制と全面的に結びついているが，代表制
内部の直接民主制を〔さらに〕注意深く掘り起こそうとしている．その他の東欧
諸国の代表制は，地方の代表制を直接民主制と結びつけている．これは，それ
らの国ぐにが実行している地方自治のあり方に対応したものでもある．したがっ
て，理論的にいえば，ソ連の代表制は，直接民主制との結びつきにおいては，ユー
ゴスラヴィアよりも低いレベルにあるが，その他の東欧諸国よりも高いレベル
にあるということになる．また，ソヴィエトの各レベルの代表制は多層的に直
接民主制と組み合わさっているが，その内部から発揚される直接民主制は不足
している．〔ただし，こうした違いがあるにせよ，〕ソ連と東欧諸国は，自治の単位
や自治の一環としての〔人民による〕直接管理の仕組み，あるいは，直接民主制
の諸要素を慎重に拡大させつつあり，そうして，大衆が基幹部門や機関単位を
直接管理するための直接参加の仕組みをこれまで以上に拡大させつつある（82
頁）．

注
1）　鄭異凡『ソ連春秋──再建と転覆』（上海人民出版社，2018年）108頁.
2）　竹森正孝「全人民国家論」（川端香男里ほか監修『ロシア・ソ連を知る事典』（平凡社，
　　　1989年）.
3）　阿部望「自主管理型社会主義の計画化システム──ユーゴスラヴィアのシステム」
　　　（『一橋研究』第5巻第3号，1980年），柳沢敏勝「連合労働組織の意義──ユーゴの労
　　　働者自主管理とテクノクラシー」（『明治大学大学院紀要 商学篇』第17号，1980年）.
4）　本書で吉見崇が分析した王大成・劉鉄「現在のソ連の政治体制において注意に値す
　　　るいくつかの問題〔「当前蘇聯政治体制中値得注意的幾個問題」〕」（『ソ連東欧問題』
　　　1985年第5期）も，民主化へと向かうだろう，との楽観的見通しを示していた.
5）　数年後に公表された呉建軍「ソ連の社会主義自治を論ず〔「論蘇聯社会主義自治」〕」
　　　（『ソ連東欧問題』1989年第1期）は，政治体制と経済体制の全面改革をおこなうので
　　　あれば社会主義自治を発展させる必要があり，そのためには党の指導（「領導」）を改
　　　革しなければならない，と指摘している．「ソ連の歴史的経験からすれば，まず，党政
　　　を分離しなければならない．（中略）つぎに，党と社会団体の職権の範囲を明確に区分
　　　しなければならない．（中略）最後に，党の『領導』方式を改革して，党の『領導』を

主に政治『領導』とし，『行政命令』のような従来の『領導』方式を改めなければならない」．

6）　本書収録「総論──私たちは改革開放史をどこまで知っているのか」注6を参照．

（中村　元哉）

3
労働組合の改革と労働者の自主性

　本論では，中華人民共和国で労働組合〔「工会」，以下「　」略〕改革が推進された1980年代，中国の知識人たちがソ連や旧東欧諸国における労働者・労働組合の自主性をどのようにとらえていたのか，そして中国の工会に関して何を学び取ろうとしていたのかを検討する.

　中国において，労働者の統合組織は工会と呼ばれる. すでに中華民国期には工会関連の法整備が進められており，工会の役割強化を試みる動きも展開していた（田明 2017）. 中華人民共和国成立後は，工会に対し，労働者の利益代表としての役割のほか，党の人民団体として党の下に労働者を統合し，国家を支えるという機能も与えられてきた. 労働者の公的な統合組織としての機能を独占的に担ってきたという点で，中国の工会を諸外国の労働組合と同様の性質・機能をもつものとみなすことは難しい. それゆえ工会は労働組合と訳さずに，原語のまま表記されることも多い（小嶋華津子 2021：12・32頁）.

　以上のような基本事項を念頭に置いたうえで，ここでは，唐元昌「企業管理におけるソ連の労働組合の役割〔「蘇聯工会在企業管理中的作用」〕」（『ソ連東欧問題』1983年第3期）および姜列青「ソ連・東欧国家は改革において労働組合の役割をさらに発揮させている〔「蘇聯，東欧国家在改革中進一歩発揮工会的作用」〕」（『ソ連東欧問題』1987年第3期）の2論文を取り上げる.

　著者の経歴について，いずれも詳細は不明だが，唐元昌は1980年代に「ソ連の労働者組織・従業員全体会を試論する〔「試論蘇聯的労働集体職工全体大会」〕」（『今日蘇聯東欧』1987年第10期）や「ソ連ソヴィエト選挙制度の沿革〔「蘇聯蘇維埃選挙制度的沿革」〕」（『社会科学』1989年第7期）など，ソ連の労働者や諸制度に着目した論文を発表していることから，主にソ連の諸制度を紹介・分析する研究者として活動していたとみられる.

　また，姜列青は1980年代から1990年代にかけて「東欧労働運動形成の変遷を語る〔「談談東欧工運形成的演変」〕」（『ソ連東欧問題』1990年第5期）や「現代のソ連の労働組合の理論と実践の一連の紹介〔「当代蘇聯工会理論和実践系列介紹」〕」（『中国工運学院学報』1990年第1期），「東欧各国労働組合の変遷およびその特徴〔「東欧各国工会的演変及其特点」〕」（同前 1992年第5期）といった論文を発表しており，ソ連や旧東欧諸国の諸制度を幅広く紹介・分析する研究者であったといえる．

　このように，決して著名人とはいえない著者たちが執筆した論文を取り上げるのであるが，それは無意味なことではない．なぜなら，これらの論文では，同時代のソ連や旧東欧諸国の動向をみつめてきた著者たちの専門的かつ冷静な分析が展開され，中国の工会改革のあり方に対する彼らの見解も示されているからである．

　各論文が発表された時期の状況についても確認しておきたい．唐論文が発表された1983年は，工会改革をめぐる具体的な議論が始まった時期である．1980年のポーランド危機後，工会改革が体制の動揺を招くという事態を懸念した中国共産党の保守派は，工会の自立性や政治運動への参加を制限する方針をとる．これに対し，いわゆる改革派は，ポーランドの連帯に代表される独立自主管理労働組合が誕生したのは，党と一体化した既存の労働組合が労働者の利益を代表できなくなったためであるという認識の下，労働者の信頼に足る利益団体として工会を機能させる方策を模索した．こうして保守派と改革派がせめぎ合うなか，1983年頃から工会改革に関する議論が繰り広げられていく．そして工会の主体的改革を求める党中央の指示を受け，1984年12月，中華全国総工会（「全総」）第10期執行委員会第2回会議は，「中国共産党第12期3中全会の精神を真摯に貫徹し，経済体制改革における工会組織の役割を十分に発揮させよう」と題する決議を採択し，労働者の民主的権利と合法的な物質的利益の擁護者として闘おうとする工会の方針を鮮明に打ち出した（小嶋華津子 2021：217-222頁）．

　一方，姜論文が発表された1987年は，保守派の攻勢後，改革派が再び勢いを盛り返していく時期である．すでに1983年後半から保守派は「ブルジョア自由化」の傾向に対する批判を強めており，中国共産党第12期6中全会（1986年9月）では，保守派の主導で「社会主義精神文明建設の指導方針に関する中共中央の

決議」が採択された．こうした中央の動きに対しては反発も大きく，「民主と自由」を求める学生デモが全国の大都市に波及した．しかし1987年初めより展開された「ブルジョア自由化」反対運動のなか，学生デモへの対応の手ぬるさを直接の理由として，改革派の胡耀邦（1915-1989年）は総書記の座を追われ，党内保守派指導者は勢いづいた．こうした保守派の攻勢の背景には，同時期にアジア諸国で起きた民主化の波が中国に及ぶことに対する中国共産党指導部の警戒心もあったという．そうした逆境のなかでも趙紫陽（1919-2005年）らは改革開放の重要性を訴え続け，1987年後半になると，内政の動きは再び改革重視へと転じた．8月には趙紫陽の総書記就任がほぼ確定し，11月2日，中国共産党第13期1中全会で新指導体制が発足した（小嶋華津子 2021：215-217頁）．

　それでは，唐論文および姜論文の内容を具体的にみていくこととしよう．

　まず唐論文は，全3章（章題なし）から成る．ちなみに同時代の中国において，唐論文の主題となっている「企業管理」（enterprise management）は，「企業が生産・経営活動を進めることに対して，計画・組織・指揮・協調・規制などをおこなう，一連の活動管理の総称」であると定義され，「社会主義企業管理」の基本的任務は，社会主義の生産関係を保護・完備し，合理的に生産力を組織し，社会主義経済を発展させることであると説明されている[1]．

　第1章は「1965年から，ソ連当局は一連の経済改革を進めると同時に，企業管理における労働組合の役割を強化してきた」（24頁）という一文から始まり，1960年代から1970年代のソ連における労働組合関連の法整備について，とくに企業管理の面に着目しながら解説する．

　唐によれば，ソ連共産党第22回党大会（1961年）で通過した党綱領には労働組合の役割について言及されており，「労働組合を，経済計画の制定および実行，労働問題の処理，経済の指導や企業管理機構の設立といった各方面で，広範に，直接的且つ積極的に参加させるべきである」と唱えられた．そしてこれ以降，ソ連共産党は，労働組合に対する党の指導を進めることを強調し，労働組合の役割——労働者を集めて生産管理に参与し，労働者の生産・労働・生活・文化方面の利益に関心をもち，労働者の生産の積極性を十分に動員する——を発揮することを重視しているという．また，10月革命以降に規定された労働組合の

重要な諸権利を列挙した「ソ連・各構成共和国労働立法綱要」(1970年通過) や，労働組合・工場・地方委員会の権利を明確に規定した「労働組合・工場・地方委員会権利章程」(1971年9月批准)，労働組合の権利の確定を反映したソ連憲法 (1977年) などがあげられ，ソ連が立法により労働組合の地位と役割を確定していると説明される[2]．そしてこうした説明に基づき，唐は，ソ連の工業管理組織機構の改革が内部からの妨害により進展が遅いと指摘しながらも，労働組合の組織機構の部門原則が強化されうるという趨勢を認めている (24-25頁).

　第2章では，「生産会議」(以下「　」略) について説明される．唐は，ソ連の労働組合が企業の経営管理に参加する場合の主要な形式として，生産会議と「集体合同」(団体協約) をあげる．まず生産会議については，当時のソ連の企業内において「労働組合・工場委員会」に次ぐ重要な組織であるとし，ソ連当局が生産会議を非常に重視していると指摘する．そのうえで，1920-70年代のソ連における生産会議の形成過程を概観する．唐がとくに注目するのは，1973年6月に「ソ連閣僚評議会・全ソ労働組合中央評議会」で批准された「常設生産会議新条例」であり，この条例の下で生産会議の組織機構が整えられたこと，指導人員が安定したことを評価している．また団体協約についても，やはり1920-70年代の制度整備の流れを概観したうえで，1966年3月に「ソ連閣僚評議会・全ソ労働組合中央評議会」で批准された「企業と組織中で団体協約を締結することに関する」決議 (1976年に修正) の内容を説明する．唐は，この決議を，事実上「企業内部の法律」であるとし，行政のリーダーと多くの従業員双方の共同任務と協調を完成させることを保証することで，両者間の矛盾を解決したと評価する．そして，団体協約の締結が，企業行政と労働者双方が負うべき義務，とりわけ企業行政が担当すべき義務を明文規定していることを重視し，そのことが監督と検査を可能にするのだと指摘する．さらに，当時，ソ連が労働組合の建議に基づき，団体協約に関して状況を整備する「国家総括報告制度」を実行したことについても言及し，こうした取り組みの結果，団体協約が多くの企業内で実現されていると評価している (25-26頁).

　第3章では，相反する2つの観方，すなわち「ソ連の経済改革において企業管理に関する労働組合の役割は何も変わっていない」という観方と，「経済改

革は，ソ連の企業に“民主管理”を実現させ，“発達した社会主義国家の社会主義民主”の新発展である」という観方が紹介されたのち，唐元昌の見解が述べられる．唐によれば，改革は一定程度労働組合の権利を拡大し，企業の生産管理における労働組合の役割を強化したが，こうした拡大や強化は限定的であり，企業の権限拡大は，労働組合よりもむしろ企業の指導者の権限を大きくするものであったという（26-27頁）．

　このように，ソ連の経済改革において労働組合の権利拡大という点では限界があることの要因について，唐元昌は以下のように指摘し，改善点をも示している．

　　ソ連当局は，長年，労働者に対して疑念と不信感をもっており，労働者が「越軌」して「無政府主義—工団主義」を主張することを恐れている．考慮することは，いかにして労働者に企業をしっかりと民主管理させるかではなく，企業がどのようにして労働者をしっかり管理するかであり，いかにして労働者を企業の主人公にさせるかではなく，企業の指導者がどのように主人公になるかである．すなわち「一長制」は労働者集団を自己の規範に取り込むために採用した行政措置である．経済改革は，単に経済発展を刺激するという「実用主義」の目的から出てきたものであり，企業の真の民主管理を実現するためのものではないため，こうした状況は大きく改変されない．かえって，企業の自主権を拡大することは労働者の民主権利を対等に拡大することではないので，企業の指導者が職権を濫用するための方便を提供してしまっている．（中略）真に労働組合の権利を拡大し，企業管理における労働組合の役割を十分に発揮させることで，ソ連の政治と経済の体制をさらに改革することができる（32頁）．

　続いて姜論文をみていこう．姜論文は，第1章「労働組合の地位を向上させることを重視する」および第2章「従業員の利益を“代表”し“保護”することは，労働組合がその他の機能を履行する基礎と保証であるということを強調する」の全2章から成る．

　論文の冒頭で，姜は「近年，多くの東欧諸国とソ連が，経済・政治体制改革の必要性に応じるため，労働組合の地位を向上させることをより一層重視し，

労働組合が従業員の利益を代表し，それを擁護するという機能を発揮させることを重視している．これらの国ぐにの意識と方法は，我々にとって一定の啓示と参照する意義をもっている」（60頁）と述べ，諸外国に倣って工会の地位向上をめざすべきとする立場を示す．

第1章では，ソ連共産党第27回党大会（1986年）で通過した「ソ連共産党新綱領」およびゴルバチョフ（1931-2022年）の政治報告，チェコスロヴァキア共産党総書記フサーク（1913-1991年），ポーランド統一労働者党第一書記ヤルゼルスキ（1923-2014年）の言葉を事例とし，ソ連と旧東欧諸国において労働組合の地位を向上させることの重要性が強調されていることを指摘する．そしてそうした傾向は「歴史の教訓の結果」であり，ハンガリー，チェコスロヴァキア，ブルガリアの労働組合のリーダーの言葉を引用しながら，1980年のポーランド危機が各国に大きな影響を与えたと述べる．また，労働組合の地位向上は経済・政治体制改革を進めるために必要であると説明する（60-61頁）．

なお姜論文では述べられていないが，ポーランド危機は，改革開放へと踏み出したばかりの中国共産党指導者にも大きな影響を与えた．中国は当初，ポーランド危機に至る経緯を，1960年代以来対立関係にあるソ連の社会主義陣営が直面した苦難として大々的に報じていた．しかし改革開放にともない国内で労働運動が頻発するようになると，中国政府は次第にポーランドと同様の事態が自国で再現されることを恐れるようになり，政治改革を進めること自体に慎重を期すべきだとする声が高まった（小嶋華津子 2021：214-215頁）．

このようにポーランド危機後の中国では，労働者の地位向上も含め，政治改革に慎重な観方もあったのだが，姜論文は，ソ連と旧東欧諸国の労働組合が改革活動に関心をもって参加していることに注目する．そこでは，党と国家にとって重要な問題の政策を決定し，執行を完遂することに参与している国として，ハンガリーやブルガリアの事例が，また労働組合が自治体系の組織者であることを明確に規定している国として，ソ連，ハンガリー，ブルガリア，ルーマニアの事例があげられる（61頁）．

そのうえで，姜は以下のように述べ，労働組合の地位を保証することの意義を示している．

　（前略）ソ連と東欧諸国において，党と労働組合の有力者および各方面の人び
とは，労働組合が享有すべき地位を保証し，労働組合が順調にその機能を遂行
できるようにさせるための鍵として，党と労働組合との関係をうまく処理する
ことが必要であると，ますます認識するようになっている．この方面において，
労働組合に対する党の政策が正確か否か，労働組合が正確且つ有効に党と国家
の政策方針を完遂し，「独立自主」的に活動を展開できるかどうかがとくに重要
である．ソ連と東欧諸国の多くの人びとは，党・政府・労働組合の目標は一致
しているが，それぞれの地位は異なり，問題をみる角度や事務処理の方法が異
なる可能性があるため，積極的に，しかし破壊的・対抗的ではない態度で，両
者の関係を協調させていく必要があると認識している．（中略）
　ソ連と一部の東欧諸国において，党と労働組合の関係を処理する一般原則と
方法は，党が労働組合の独立自主の地位と役割を尊重し，労働組合の内部実務
に干渉せず，労働組合に命令しないということである．労働組合のなかの党員に，
自己の言論と行動を用いて党の決議精神を完遂し，労働組合の決議を模範的に
執行し，党の化身として現れないよう求める．労働組合の側は，党の思想や政
治指導を受け容れ，自らの決議と活動において，関連する党の決議と政策の精
神を執行することを完遂するよう注意し，従業員を動員・組織して党と国家の
経済・社会発展計画を完成させる．いくつかの東欧諸国は，党と労働組合との
関係を「一人の母から生まれた同胞兄弟」（即ち皆労働者階級の組織である），「仲間」
であるとみなし，両者が協調することを支持している（61頁）．

　第2章では，ソ連と一部の旧東欧諸国において，労働組合が従業員の利益を
代表し保護するという役割を発揮することが重視されていると強調される．そ
して，そうした国ぐにでは，従業員の利益を代表し保護することこそが労働組
合の中心的任務であり，労働組合がその他の機能を果たすための基礎と保証で
あると認識されていると指摘される（61頁）．
　姜は，ソ連や旧東欧国家の人びとがいかなる認識をもっているかということ
を説明していくが，実のところ，そこには姜自身の見解が示されていると考え
られる．つまり，彼は諸外国の人びとの認識を紹介するという手法を用いて，

中国の工会が果たすべき機能を示唆しているといえる．たとえば，以下の文章
は，ソ連・旧東欧諸国の人びとの認識を述べたものである．

　　社会主義の条件下で，労働組合が職能を保護するということには，2つの基
本的な意味が含まれている．1つは，社会には異なる利益階層が存在しており，
労働者群衆の利益は時に侵犯されうるということである．もう1つは，労働者
自身の国家と政権の利益もまた時にある種の要因により破壊されうるというこ
とである．このため，労働者の利益と労働者の根本利益を反映する国家の利益は，
いずれも労働組合が保護するべきなのである．この2つの方面の保護は，根本
的には一致する．労働組合にとって，職能を代表・保護することを真に履行し，
自らの会員のなかで威信と宣伝力を持てることではじめて，国家と企業生活の
安定を保証し，従業員を組織して経済発展の活動に参加する条件と可能性をも
ち，人材養成を改革・進展する活動に参加することができるのである（62頁）．

　上記のような「ソ連・東欧諸国の人びとの認識」をあげることで，姜は，中
国の工会が従業員の利益を保護する組織として重要な役割を果たすべきである
ということを暗に訴えているといえよう．
　なお，姜論文の最後では，ソ連・旧東欧諸国の労働組合改革が抱える課題に
ついても指摘される．それによれば，改革が進められるなかで生まれた新たな
状況は，労働組合を新たな課題に直面させた．たとえば，ハンガリーでは，
1986年9月1日に破産法が施行されたが，同法を実施しながら同時に従業員の
利益を擁護するという難題がもたらされたという．こうして，姜列青は，ソ連
と旧東欧諸国において，労働組合の役割をいかに発揮するかということは，依
然として模索中の問題であるとしながらも，そうした国ぐにの経験と方法につ
いては中国が注目する価値があると述べている（62頁）．
　以上，労働組合をめぐる2つの論文を概観した．
　唐論文は，労働組合に関するソ連の改革に注目し，その内容自体を高く評価
しつつ，実態については批判的に解説している．そこからは労働組合に大きな
自主性を付与すべきという主張がみて取れる．また，姜論文は，労働組合の自
主性を重視したソ連や旧東欧諸国の改革を紹介しており，改革によって生まれ

た新たな課題についても指摘しつつ，中国にとって参照すべき重要な事例とみる．

　すなわち両論文は，いずれも中国の工会が比較的大きな自主性をもつべきという立場にある．ただし，前者がソ連をいわば「反面教師」とみるのに対し，後者はソ連や旧東欧諸国の全体的な動向を比較的高く評価する形で述べており，ソ連・旧東欧諸国に対する中国知識人の観方が，時期あるいは個人によって異なるということを付言しておく．

　上述したとおり，ポーランド危機後，中国政府は政治改革に慎重な姿勢をとっていた．しかしここで紹介した2論文からは，1980年代の中国におけるソ連・旧東欧諸国研究の専門家たちが，政府とはやや異なる観方をもっていたことが推察できる．すなわち，彼らはポーランド危機後，現体制が動揺することへの危機意識をもつのではなく，むしろポーランド同様の政治改革推進を自国に求めていたといえるのではないか．

　ちなみに当該時期，元チェコスロヴァキア経済委員会主席のオタ・シク（1919-2004年）が訪中し，各界が彼の言論に注目した．たとえば，1981年3月19日から4月8日にかけてシクが中国社会科学院の招聘で訪中した際，北京と上海で7回学術講演をおこなっており，そこでは労働組合の意義についても言及している．そして彼の講演内容が様ざまな雑誌に掲載されたことで，多くの知識人たちがその言論に触れた．[3] このことは，唐論文や姜論文から推察できる彼らの意見，すなわち旧東欧諸国で推進された改革の意義を重視する観方の背景として無視できないだろう．

　さて，それでは唐や姜のような知識人たちの声は，中国共産党指導部，あるいは中国社会にどの程度届いたのか．それを証明することは困難であるが，少なくとも彼らが重視した工会の機能強化に関して制度整備が進んだことは事実である（小嶋華津子 2021：228-229頁）．もちろん，唐論文や姜論文で示されたような「理想的」な労働組合改革と同様の工会改革が中国で進んだとはいえない．それでもソ連や旧東欧諸国の事例を通して工会のあるべき姿を紹介した彼らの論文は，やはり大きな意義をもつと考える．

注

1） 中国企業管理百科全書編輯委員会中国企業管理百科全書編輯部編『中国企業管理百科全書』上（企業管理出版社，1984年），153頁.

2） ソ連憲法（1977年）は第7条で労働組合も含む社会団体の役割を，第8条で労働集団（勤労集団）の役割を規定していたが（谷川良一『ソ連邦新憲法と基本的人権——スターリン憲法からブレジネフ憲法へ』有斐閣，1989年，50-53頁），唐元昌は労働組合の権利について説明する際，市民の「参加する権利」を規定した第48条を引用した. この点については注意が必要である. なお，労働集団に関しては本書4「社会主義体制下の民主と法治」の説明を参照されたい.

3）「オタ・シクの社会主義経済モデル——訪中講演内容の簡単な紹介〔奥塔・錫克的社会主義経済模式——訪華講演内容簡介〕」（『経済学動態』1981年第6期），「オタ・シク教授が経済体制改革を語る〔奥塔・錫克教授談経済体制改革〕」（『農村金融研究』1981年第11・12期）など. 前者の37頁，後者の第12期31頁で企業管理問題，そのなかでの労働者自治組織や労働組合についての議論が紹介されている. シクについては，本書収録「総論——私たちは改革開放史をどこまで知っているのか」も参照.

（久保 茉莉子）

4
社会主義体制下の民主と法治

　1988年6月から7月のソ連共産党第19回党協議会は，ペレストロイカの重点が経済体制改革から政治体制改革へと変わる画期になった．なぜなら，同協議会が「社会主義的法治国家」論を提起したからである．国家権力の制御という要素を欠いた「社会主義的適法性」を掲げてきたソ連が，社会主義という枠内であったとはいえ，法治国家概念を受容したことは，権力分立や人権へと道を拓くものだった．[1]

　実は，文化大革命が終焉した直後の中国（1970年代末以降）でも，同様の動きがあった．1978年11月の中国共産党第11期3中全会は，「民主と法制」の強化を打ち出し，1979年から1982年にかけて，法治と人治をめぐる論争が繰り広げられた（鈴木賢 1999；石塚迅 2004）．

　では，1980年代の中国は，のちに「社会主義的法治国家」論を提起することになる同時代のソ連の政治情勢，とりわけ社会主義民主のあり方と深くかかわる「社会主義自治」という概念が提起される過程を，どのように観察していたのだろうか．こうした問題を考えるにあたり，本論は2つの文章に注目する．1つは，王大成・劉鉄「現在のソ連の政治体制において注意に値するいくつかの問題〔当前蘇聯政治体制中値得注意的幾個問題〕」（『ソ連東欧問題』1985年第5期，1985年10月）であり，もう1つは，李永慶「ソ連の社会主義的法治国家論に対する初歩的な分析〔蘇聯社会主義法治国家理論浅析〕」（『ソ連東欧問題』1988年第6期，1988年12月）である．

　「現在のソ連の政治体制において注意に値するいくつかの問題」の筆頭著者である王大成（1934年-）は，1958年に瀋陽師範学院ロシア語学科を卒業後，同学院の中国共産党委員会を経て，中国共産党中央対外連絡部のソ連東欧研究所で研究に従事した．同研究所が中国社会科学院ロシア東欧中央アジア研究所に

改組した後も，王は研究を継続した．彼の専門は，ソ連およびタジキスタンの政治だった．

　王大成がまず分析したのは，ソ連共産党綱領がどのように改正されようとしたかだった．当時の党綱領は，フルシチョフ政権期の1961年に制定されたものだった．王大成は，この党綱領の多くの重要な理論が実践的な検証に耐えられなくなり，党綱領の指針や政策もほとんど実現していない，と強い口調で批判した．彼がとりわけ批判したのが，党綱領が20年以内に共産主義社会を基本的に建設すると宣言した点だった．彼は，この党綱領が歴史の発展段階を逸脱したものであり，ソ連の現実と国際環境を直視せずに盲進する「共産主義建設のための綱領」でしかなかった，と厳しく評価した (39頁).

　さらに，王大成は，チェルネンコ (1911-1985年) が1984年におこなった党綱領の改正案に関する一連の報告に注目した．王によれば，チェルネンコ報告の第一の特徴は，「共産主義建設のための綱領」を「発達した社会主義を完全なものにするための綱領」へと改めようとしたことだった[2]．さらに，同報告の第二の特徴は，党綱領の改正案において，「社会主義自治」という用語が共産主義の社会自治という用語に代わって登場したことだった．

　王大成は，ブレジネフ (1906-1982年) が死去した後，ソ連共産党の指導者やソ連の知識人たちが，その政治制度の発展を議論する際に，「社会主義自治」に関する理論的問題を幾度となく強調してきた，と指摘した．彼は，アンドロポフ (1914-1984年) がソ連共産党中央委員会の政治理論誌『コムニスト』に発表した「カール・マルクスの学説とソ連における社会主義建設の若干の問題」(1983年) に注目した．その理由は，アンドロポフが「人民の真正な社会主義自治」という概念を提起したからだった．さらに，王は，チェルネンコもゴルバチョフ (1931-2022年) も「社会主義自治」を重視している，と彼らの論文を引用しながら力説した．

　王大成によれば，ソ連の人びとは「社会主義自治」を次のように理解していた．すなわち，「社会主義自治」とは無条件の自由ではなく，自主規制を基礎とする一種の社会管理であり，それは，公共の事業を共同で解決し，全員で下した決定にしたがって個々人の行動を調整することだった．王は，このような

「社会主義自治」の原則がソ連の政治制度の根幹にあった民主集中制の原則に
完全に符合するとして，肯定的な評価を下した．さらに王は，「社会主義自治」
を実践するものとして，労働集団の存在に注目した．その根拠として王が重視
したのが，労働集団がソ連の政治体制の構成要員であると憲法に明記されてい
ること，そして労働集団が労働集団法によって法定組織と認定されていること
だった．

　ソ連の「社会主義自治」に関する以上のような整理，とりわけ労働集団と関
連づけて理解する整理は，本論のテーマである民主と法治を考えるうえで重視
されるべきものである．

　ソ連で使われた労働集団という概念は，論理的には，労働組合員集団とは区
別される，いわば全従業員を指す概念であり，1977年のソ連憲法（いわゆるブレ
ジネフ憲法）に盛り込まれた概念でもあった．そして，この憲法の規定を具体
化したのが1983年に制定された労働集団法だった．ここで見落としてはならな
いことは，労働集団法が制定される過程で，2つの問題が争点化されたことだっ
た．1つは秩序と規律を強化すること，つまり集団主義的な相互の責任意識を
動員しようとしたこと，もう1つは「生産民主主義」の問題，つまり企業の管
理の仕組みをどのように民主化するのかということだった．

　労働集団法の制定過程で，この第二の問題である民主化が争点化した背景に
は，1980年にポーランドで発生した大規模なストライキと同時期に結成された
独立自主管理労働組合（以下，連帯）の存在があった．ポーランドからの衝撃を
ソ連自身の教訓にしようとした姿勢は1981年のソ連共産党第26回党大会で表明
され，ソ連では，民主化が社会主義の枠内にとどまるものなのか，それとも文
字通りの民主化を導くものなのかが議論されるようになった[3]．

　その後，ソ連では，企業管理の民主化問題と密接に関連づけられながら，「社
会主義的自主管理」という新たな概念が生まれた．やはり，ここにも，ポーラ
ンドにおける連帯の結成が大きな影響を与えていた．なぜなら，連帯は自主管
理という理念を前面に押し出していたからである．

　ここで注目すべきは，以下の3点である．

　1点目は，それまでのソ連では，自主管理という概念が，社会主義よりも高

次の発展段階にある共産主義において国家の役割を代替するものとして理解されていたことである．裏返して言えば，社会主義段階で自主管理を提唱することは，依然として存在する国家の役割を軽視する論調として批判的に理解されていた，ということである．

　2点目は，ロシア語で自主管理と自治という概念の間には明確な区分がない，ということである．そのため，ここで言う「社会主義的自主管理」とは，事実上，「社会主義自治」に相当する概念だった．

　3点目は，「社会主義的自主管理」（「社会主義自治」）という概念が広まった背景には，前述のアンドロポフ論文が公表されていたことが政治的には大きかった，ということである．つまり，同論文で「社会主義的自主管理」という論点が提起されたため，この概念を使ってソ連の現状や未来を語ることが可能になったわけである．実際，労働集団法にも「社会主義的自主管理」という概念が盛り込まれていた[4]．

　王大成は，以上のようにソ連の動向を観察し，ソ連が民主化へと向かうポーランドの歴史的文脈を排除することなく「社会主義的自主管理」や「社会主義自治」の用語を使用し始めた，と理解した．そのため，王は「社会主義自治」という概念に民主化の萌芽を読み込もうとしていたと推測される．

　たしかに，王大成は，法治国家という概念が社会主義国家に適用できるか否かがソ連で争点化した際に（後述），アンドロポフ政権成立後のソ連の政治体制改革がいずれも表層的なものにとどまった，と厳しく批判して，ソ連の「社会主義自治」がユーゴスラヴィアと同質なものへと変化するわけでも，ましてポーランドの連帯のように，共産党の指導から独立した政治勢力を形成するわけでもないだろう，と見通した．しかし，それでも王は，次のようにソ連の民主化に対して期待した．

　　ソ連が政治体制改革において大股で前進することはない．しかし，ソヴィエト国家の政治が次第に民主化へ向かっている趨勢はみて取れる．ソ連憲法第9条が，「ソヴィエト社会の政治システムの基本的な発展の方向性は，社会主義的民主主義のいっそうの展開，すなわち，国家事業と社会事業を管理する際に，

　公民の広範な参加をいっそう促し，国家制度を改善し，社会団体の積極性を向
上させることで，人民によるコントロールを強化し，国家生活および社会生活
の法的基礎を強化して，公開の度合いを拡大させながら世論を不断に考慮す
ることである」[5]と規定していることに鑑みると，これは緩慢な道のりではあるが，
全体的にみれば，このような方向に動き出している，といえそうである（43頁）.

　では，ソ連の「社会主義自治」が民主化とも関連づけられながら分析される
なかで，その民主化の可能性を見極める際に，当時の中国の知識人が注視しつ
つあった「社会主義的法治国家」論は，どのように評価されたのだろうか．こ
の点を確認するために，本論は李永慶「ソ連の社会主義的法治国家論に対する
初歩的な分析」を取り上げる.

　著者の李永慶（1940年-）は，1964年に北京外語学院ロシア語専攻を卒業後,
中国共産党中央対外連絡部のソ連東欧研究所に入り，研究に従事した．同研究
所が中国社会科学院の下へ改組された後も研究を継続した（2001年退職）．李の
専門は，中ソ経済貿易だった.

　李永慶は，ソ連が「社会主義的法治国家」論を提起したことは重大な理論的
転換であり，そのこと自体が高く評価されるべきだ，と考えた．李によれば,
多くの欧米諸国が理論化し実践してきた法治国家論[6]はソ連共産党によって一貫
して否定されてきたが，ソ連の学術界は1960年代から1980年代にかけて法治国
家論を社会主義国家に適応させようと検討を積み重ね，こうした学術的動向が
1つの背景となって，ソ連共産党第19回党協議会が「社会主義的法治国家」論
を採用した，とのことだった.

　しかし，ソ連が社会主義国家として遵守すべき原則も，当然残されていた.
李永慶は，ソ連共産党第19回党協議会の文献に基づいて，次の3点がその原則
だと指摘している．第一の原則は，人民の意思を表明する法律が最上位の位置
にあることを保障することである．第二の原則は，公民の権利と自由を充実さ
せ保障することである．第三の原則は，法律が禁止していないことをすべて認
めることである．そして，これらの原則に基づいて，ソ連共産党が社会主義法
治国家を建設するために実行したことは，李によれば5点あった．それらは次

のようになる.

　① 党政機関の権限を分離し, ソヴィエトの全権的地位を回復して強化すること.
　　 あわせて, 最高国家権力機関の立法機能を改善し, 国家や経済や社会・文化
　　 にかかわる重要な問題をすべてソヴィエトで検討して解決すること.
　② 現行の法律を改正——根本的な改正を含む——し, 新しい法律を制定する際
　　 には社会主義的人道主義と社会主義民主に基づくこと.
　③ ソ連の最高権力機関が憲法監督委員会を設置し, 同委員会が国家の最高指導
　　 者も含めたあらゆる公職者の活動を監督し, ソ連の法律や政府の決定が合憲
　　 か否か, 政府の各部門の文書が合法か否かを監督すること.
　④ 司法業務を独立させ, それを保障すること.
　⑤ 弁護士協会を設立すること.

　李永慶は, 以上のようにソ連の政治動向を分析して, ソ連の「社会主義的法
治国家」論が欧米の法治国家論から吸収したのは, 法律至上主義, および, 公
民の合法的な利益や自由を国家が保護することの2点しかなかった, と指摘し
た. だからこそ李は, ソ連の「社会主義的法治国家」論が機能しないだろうと
否定的に評価した. つまり, 彼に言わせれば, ソ連の「社会主義的法治国家」
論が資産階級の法治国家論に通底する「三権分立」の発想をそもそも拒絶した
ことに限界があった. 彼からすれば, 「社会主義的法治国家」論が主張する国
家権力のあり方は, 国家権力の分立ではなく, 国家権力を行使する際に各機関
に職権を分散させる程度のことだった.

　李永慶は, 「社会主義的法治国家」論がソヴィエトに立法の職権と管理・監
督の職権を集中させていることに一定の理解を示したが, ソ連共産党第19回党
協議会が立法・行政・司法の三権の関係性を徹底して解決できたわけではない
とも批判した. とりわけ, 同協議会が司法に関して講じた2つの措置——政府
官員 (執行委員会議長を除く), 裁判官, 検事長は同級のソヴィエト代表に当選で
きないこと, 上級のソヴィエトが地方ソヴィエトと同級の裁判所の裁判官を選
挙すること——が司法の独立を保障できない, として痛烈に批判した. このよ
うな彼の評価は, 次の一節に濃縮されている.

　　ソ連の法治国家論は，三権分立を拒絶すると同時に，この思想の合理的な部分，すなわち権力の過度な集中を防止して権力の均衡を図り，国家の管理を自己制御できる状態にして，絶えず合理的な協調状態のなかに置く，という主張から目を背けている．したがって，ソ連の法治国家論は，政治体制改革がもたらす集権という問題を解決することはできない（58・64頁）．

　李永慶は，ソヴィエトの仕組みを肯定したとはいえ，権力分立を重視する傾向にあった改革派だった．とりわけ，李の想定した法治には司法の独立が含まれるため，立憲主義にも肯定的な知識人だったと推測される．彼が結論において，憲法監督委員会の法的立場がソ連最高ソヴィエト（最高会議）幹部会議長と対等でないばかりか同議長からも独立していないと批判したことは，彼の信念を雄弁に物語っているだろう[7]．

注
1）　小森田秋夫「『社会主義的法治国家』論をめぐって」（『ソビエト研究所ビュレティン』第2号，1989年），小森田秋夫「ソ連──まぼろしの『社会主義的法治国家』」（近藤邦康・和田春樹 1993）．
2）　「発達した社会主義」については，中西治『増補 ソ連政治の構造と動態』（南窓社，1977年）286-292頁，中西治『ソ連の社会と外交』（南窓社，1986年）65-83頁を参照．
3）　小森田秋夫「ソ連における労働集団法の成立──ソ連型『自主管理』をめぐる論争の一帰結」上（『労働法律旬報』第1105号，1984年），小森田秋夫「労働組合と労働者評議会──現存社会主義における労働の問題への一視角」（藤田勇編『権威的秩序と国家』東京大学出版会，1987年）．
4）　小森田秋夫「ソ連における労働集団法の成立──ソ連型『自主管理』をめぐる論争の一帰結」下（『労働法律旬報』第1107号，1984年）．
5）　憲法第9条の訳文は，「ソビエト社会主義共和国連邦憲法（基本法）」（『法律時報』50巻2号，1978年）を参照しながら，読みやすい日本語に改変した．
6）　李永慶の理解する西側の法治主義には，3つの特徴（分権的な政治制度の採用，法律至上主義，個人の権利の保障）があった．しかし，西側の法治主義は，米英の「法の支配」型とヨーロッパ大陸の多くの国家が採用する「法治国家」型の2種類に分かれる，とのことだった．そのため，李の言う法治国家論とは，米英を除く西側の法治主義を指す概念だった．
7）　中国における民主主義と立憲主義の問題については，石塚迅（2019）を参照．

（吉見　崇）

5
多党制の是非

　本論では，1980年代の中国が「多党制」をめぐり，ソ連および旧東欧諸国における議論や実践から何を学ぼうとしていたのかを検討する．史料として取り上げるのは，いずれも『ソ連東欧問題』所収の，王金華「レーニンの多党協力に関する思想と社会主義国家の実践〔列寧関於多党合作的思想与社会主義国家的実践〕」(1987年第6期)，詹清「東欧国家の多党協力問題についての初歩的研究〔東欧国家多党合作問題初探〕」(1987年第5期)，汪毓清「ハンガリーにおける多党制問題に関する議論〔匈牙利関於多党制問題的争論〕」(1989年第2期)の3篇である．著者3名の略歴は，いずれも不詳である．

　史料の内容を見る前に，中国側の事情を確認しておきたい．第二次世界大戦後の国際社会における社会主義国のなかには，ソ連のように長きにわたり共産党のみが政党として存在した国もあれば，非共産党の政治グループが存在する国もあった．中国は後者であり，中国共産党は中華人民共和国の成立以前から非共産党勢力との関係を重視し，1949年9月には統一戦線組織である中国人民政治協商会議（政協）を暫定的な国家権力行使機関として成立させている．中国共産党と協力関係にある「民主党派」（以下「　」略）とされた組織は8つあり，それぞれ，① 中国国民党革命委員会，② 中国民主同盟，③ 中国民主建国会，④ 中国民主促進会，⑤ 中国農工民主党，⑥ 中国致公党，⑦ 九三学社，⑧ 台湾民主自治連盟である．1954年の全国人民代表大会発足後，政協は諮問機関へと性格を変えるが，中国共産党は1957年の反右派闘争で非共産党勢力を政治から排除するまで，民主党派の取り込みに努めてきた．

　1960年代後半から1970年代にかけての文化大革命の混乱期を経て，1970年代後半の鄧小平時代に入ると，民主党派および政協は再び重視されるようになっていった．1982年に制定された「中国人民政治協商会議章程」は，政協は「わ

が国の政治生活のなかで社会主義民主を発揚するための重要な形式の1つ」であるとし，その役割は「国家の大政方針と大衆〔「群衆」〕生活の重要問題について政治協議を進め，提案と批判を通じて民主監督の役割を果たす」ことと定めた．

　ただし，毛里和子はこれについて，「政協は政策決定には何の権限もないし，民主党派は政党ではない．共産党の方針・政策に権威づけをし，追認する組織に過ぎない」と喝破する．そのうえで毛里は，中国共産党が1989年12月から民主党派を「参政党」，「議政党」と呼び，それとの協議システムは「中国共産党指導下の多党協力」であると言い始めたと指摘した．1989年6月の天安門事件や，ソ連その他での一党独裁の破綻を経て，「中国ではソ連のような一党独裁ではない，と粉飾しなければならなくなった」ためだという（毛里和子 2012：137-142頁）．なお，岡部達味による当時の観察では，「共産党指導下の多党制」とのスローガンが現れるのはもう少し早く1988年後半頃からとされる（岡部達味 1989：157頁）．

　さて，以上のような時代状況のなかで，『ソ連東欧問題』はソ連・旧東欧諸国における多党制をめぐる議論や実践から何を学ぼうとしていたのだろうか．

　王金華「レーニンの多党協力に関する思想と社会主義国家の実践」（1987年第6期）は，20世紀初頭のレーニンの思想まで遡るとともに，その後の社会主義国における多党制の実践について検討する．王によれば，レーニンは1905年11月，『ノーヴァヤジーズニ〔新生活報〕』編集部に宛てた「私たちの任務と労働者代表ソヴィエト」と題する手紙において，「労働者がソヴィエトを代表するのか，それとも党〔が代表するの〕か？」というラジン〔「拉定」〕という人物の問いに答える形で，初めて党とソヴィエトの関係をめぐる問題について分析し，ソヴィエトの範囲内で多党協力を実現する構想を提起した．レーニンの考えは「労働者もソヴィエトを代表するし，党も〔ソヴィエトを代表〕する」というもので，ソヴィエトはあらゆる革命政党とあらゆる革命民主派からの代表の参加を吸収しなければならず，社会民主労働党は積極的に参加するだけでなく，ソヴィエトの範囲内でその他の革命政党および革命民主派と戦闘のための連合を結成しなければならないとした（33頁）．レーニンがこのような構想を提起した理由

として，王は，労働者代表ソヴィエトが「全ロシア政治の中心」としての歴史的使命を担えるようにするためという動機のほか，立憲民主党や法制党といった「反動党派」をソヴィエトの外に排除することや，専制制度が資産階級と結びつくのに対抗すること，社会民主労働党がソヴィエト内部で小資産階級政党の妥協性，動揺性，不徹底性に対して闘争をしかけ，大多数の大衆〔群衆〕を社会民主労働党の周囲に団結させる，といった目的意識があったことを指摘する（34頁）．

　このような目的意識を前提としていたためか，王によれば，レーニンの多党協力構想には以下の5つの遵守すべき原則があった．第一は，各階級の目下の相互関係や，各政党が革命プロセスにおいてどれだけ積極的な役割を果たせるかを考慮し，協力対象を選択するという原則である．第二は，各政党との間で，ある一定の期間ないし特定の問題において共通の利益を有していることを，協力の基礎とすることである．第三は，無産階級政党がその他の革命政党と協力する際は，必ず自身の独立性を保持することである．第四は，ロシア革命が社会主義へと移行するのに有利であることを，無産階級政党がその他の革命政党と協力するための基本的な出発点とすることである．第五は，直近のソヴィエト代表大会における多数〔派〕が政権を掌握するという，ソヴィエト政権の原則を必ず堅持することである（35-36頁）．

　以上のような認識を示したうえで，王は次のように問う．「10月革命の勝利後，レーニンは多党協力の政治体制の樹立を試みてきた．では，なぜ現実にはレーニンの構想が実現できず，ソヴィエトの一党政が形成されたのだろうか」（36頁）．王によれば，これは決してレーニンの本意でもなければ，社会主義にとって本質的に必要とされていることでもなく，ソヴィエトロシアの客観的な歴史条件によって決定づけられたものであった．これに対し，王は周恩来の言葉を引き，「ロシアの資産階級とその他の党派はみなソヴィエト政権を敵視し，唯一ロシア共産党のみが10月革命の勝利を堅持したため，ソ連ではレーニンの提起した各党派との協力構想が十分に実現しなかった．しかし，わが国〔中国〕の具体的な歴史条件の下では，レーニンの構想が実現した」と指摘する（38頁）．

　レーニンが示した原則による指導の下，大多数の社会主義国家では程度の差

こそあれ多くの政党が存在し，多党協力も実施されてきた．しかし，それぞれ
の国では歴史条件が異なり，様ざまな要因により革命プロセスのなかでその他
の政党の存在が抹消され，ソ連，ユーゴスラヴィア，ハンガリー，ルーマニア
などの国では共産党のみが残った．一方，複数の政党の存在を残し，協力関係
や制度を打ち立てた国として，中国，東ドイツ，ポーランド，ブルガリア，チェ
コスロヴァキア，北朝鮮などがあった．

　これらの国ぐにの実践の特徴として，王は次の4点をあげる．第一に，多党
協力のための組織が，レーニンの構想したソヴィエトの範囲内での協力とは異
なり，国家の政権機関ではない統一戦線の形式で存在していることである．こ
の形式はレーニンの構想よりも広範性が高く，様ざまな階級，階層および集団
からの代表の参加を吸収するものである．第二に，多党協力に参加する各政党
は，共産党の指導を堅持するという政治上の基本原則と，社会主義現代化国家
の建設を現段階での共通目標としている．第三に，どの国家の民主党派もそれ
ぞれの方式やルートを通じて国家および社会の管理に参与し，共産党とともに
政権を握っていることである．中国の多党協力制度は「政治協商，民主監督」
の形式で実現しており，旧東欧の4カ国では統一戦線を組織するほか，法律に
よって各民主党派の国家政権における適切な割り当てが規定されている．

　第四に，〔共産〕党と国家は根本的な利益を堅持するという前提の下，「大同
を求め，小異を残」している．〔共産〕党と国家は民主党派に意見を求め，「も
し間違いがあれば，すぐ修正し，各民主党派の意見や要求を粗暴に抑圧したり，
組織を通じて干渉したり，甚だしきはその存在を抹消するという方法をとった
りはしない」という（39頁）．この点，たしかに中国共産党は民主党派を解散さ
せてこなかったかもしれないが，かつての反右派闘争は粗暴な抑圧ではなかっ
たか．王はどのようなつもりでこれを言っているのか．共産党はそうすべきで
なかったという遠回しな批判なのか，それとも共産党は間違っていなかったと
いう意思表示なのか，非常に興味を覚えるが，残念ながら本文で王自身の見解
は特に述べられていない．

　王は本文の末尾において，社会主義国家における多党協力の実践は決して完
璧なものではないので，マルクス・レーニン主義の多党協力の原則に照らしな

がら，不断の改革を続け，共産党指導下の多党協力制度を完成させなければならないと指摘している（39頁）．これを改革に向けた謙虚な姿勢と読むこともできるだろう．しかし，別の見方をすれば，王は議論全体を通じ，共産党の方針を全面的に否定する「反対党」の出現は許さず，ましてや政権交代の可能性がある制度を導入することは論外だと強調しているとも読める．

次に紹介する詹清「東欧国家の多党協力問題についての初歩的研究」（1987年第5期）は，王の論文でも論及された，旧東欧で多党制を実施した4カ国の事例を紹介することを目的とする．当時，ポーランドには2つ（ポーランド統一農民党，ポーランド民主党），ブルガリアには1つ（ブルガリア農民連盟），東ドイツには4つ（キリスト教民主連盟，ドイツ自由民主党，ドイツ民主農民党，ドイツ国民民主党），チェコスロヴァキアにも4つ（チェコスロヴァキア人民党，チェコスロヴァキア社会党，スロヴァキア自由党，スロヴァキア復興党）の，計11の民主政党が存在したという（67頁）．

詹はまず，これら国家における共産党以外の政治グループの法的地位や政治上の役割を概観する．旧東欧における共産党とその他複数の政党との協力は，概して第二次世界大戦中の反ファシズム民族解放戦線を通じて形成された．その後，ポーランドでは1952年憲法，ブルガリアでは1971年憲法，東ドイツでは1974年の改正憲法などによって，共産党指導下の多党協力制度には明確な法的地位が与えられた（67頁）．詹は，旧東欧国家の民主政党は社会主義革命や建設事業，また本国の経済や政治体制改革のなかで重要な役割を果たしてきたと評価する．あわせて，それら民主政党が全国的な組織系統を自前で持ち合わせており，宣伝や活動経費の獲得のために新聞の発行や出版社の経営をおこなうなど，概して独立自主の活動を展開できていると指摘する（68頁）．

次に詹は，旧東欧国家の多党協力は，具体的には主に以下の5つの形式を通じておこなわれていると整理する．第一は，民主政党が議会において自身の党グループないし党員議員クラブを組織する，というものである．これらを通じて，民主政党は国家の立法業務に直接参与するのである．第二は，民主政党のメンバーが国家最高権力常設機関に参加することである．第三は，民主政党のメンバーが政府に参加することである．民主政党は中央ないし地方政府内の自

党のメンバーを通じ，共産党が国家の憲法，法律，方針，政策を貫徹できるよう協力すると同時に，自党の主張を宣伝し，貫徹しているという．

　第四は，各国の民主政党がいずれも本国の統一戦線組織の重要なメンバーとなっていることである．各国の人民統一戦線の役割は多岐に及ぶ．たとえば，国家の大政方針の協議や制定に積極的に加わるほか，国家のある特定の重要な問題および重要な法律草案に対する国民討論や国民投票を組織する責任を負う．また，人民代表機構の選挙工作を準備，組織する責任を負い，民主的な協議を通じ，各政党および人民団体を代表して統一候補者リストおよび選挙綱領を提出する．各階層の人民の意見や要求を反映させ，各種の社会集団の利益関係を調整する．国家機関およびその職員に対して民主監督を実行する．各階層の人民が社会主義の覚悟を高めるのを助け，国際主義，愛国主義，精神文明教育を実施し，広大な人民大衆〔群衆〕の社会主義革命および建設事業への積極的な参加を促す．人民戦線はこれらの面で重要な役割を果たしているという(69頁)．続いて，多党協力の第五の形式として詹が指摘するのは，共産党が定期的に召集する合同会議に，各民主政党の責任者が参加し，重要な問題についての協議や政策決定をおこなう，というものである．

　以上を踏まえ，詹は本文の末尾において「70年代以来，とりわけ東欧国家の政治体制において，各国の共産党は国家政治生活の民主化を自身の重要な任務としてきている」と指摘し，共産党と民主政党の協力関係は今後も長く維持され，発展していくとの見通しを示している（82頁）．

　以上で紹介した王および詹の論考は，ソ連および旧東欧諸国における社会主義体制下での政党制を概観したものであった．これに対し，次に紹介する汪毓清「ハンガリーにおける多党制問題に関する議論」(1989年第2期)は，1980年代後半の体制移行期のハンガリーで展開された政党制をめぐる議論を考察したものである．この文章は，上記2編の1年数か月後，天安門事件の前夜にあたる時期に発表された．汪はまず冒頭で，次のように問題提起する．

　　社会主義の条件の下で多党制を実行することはできるのか？　これはハンガ
　　リーの政治体制改革，とりわけ党の指導方式，活動方式を深化させる改革プロ

セスのなかで提起された，１つの新たな問題である．ハンガリーは過去の伝統
観念と圧制の方法を捨て，論争を提唱したので，党中央の上層の指導者から普
通の民間人に至るまで，誰もが論争することを許され，めいめいの意見を述べ
ることが許された．論争を通じて党の戦闘力は増強され，党の凝集力は高まり，
「一種の開放的で民主的な社会生活がまさに形成されつつあり」，国内には多く
の新たな状況が生まれている（39頁）．

　続けて汪は，ハンガリーで1987年に経済情勢が危機的状況となって以降，社
会においてハンガリー社会主義労働者党による一党制に対する批判や，改革を
求める声が高まっていったプロセスを紹介する．同党は1988年９月と11月の２
度にわたり中央委員会全体会議を開き，激しい討論を経て，全党の思想を統一
し，「政治の多元化」という発展の方向性を明確にするだけでなく，「政治の多
元化」を実現するための検討を加速させるに至る．
　汪によれば，政治体制改革において党の指導を堅持し，党の指導方式を革新
し，権力の高度な集中に反対するという問題について，論争で対立した双方の
観点は基本的に一致していた．すなわち，多党制を主張する者であっても，改
革をなすがままに任せるわけにはいかないので，党の指導がないわけにはいか
ないと考える一方，一党制を主張する者は，「党だけがあらゆる問題に対して
適切に回答できるという独占時代はすでに過ぎ去り二度と戻らない」（42頁）と
考えていたという．
　では，両者の分岐はどのような側面にあらわれたのか．汪は次の３つを指摘
する．第一は，党と国家権力機関の関係についてである．一党制を主張する人
びとは，権力に多数の中心が存在するのは「資産階級の民主」であり，「労働
者階級を分裂させる影響を生み出す」と考えるため，政治の多元化に反対する．
これに対し，多党制を主張する人びとは，権力の分有は決して資本主義社会だ
けのものではなく，政治が現代化された社会の「普遍的な組織技術の原則」と
考えるという．
　第二は，党と社会団体組織の関係についてである．一党制を主張する人びと
は，一党制は歴史のなかで形成されたものであり，もはや一党制がよいか多党

制がよいかを検討したり，かつての多党制を復旧させたりする必要はないと考える．一方，多党制を主張する人びとは，一党制が歴史のなかで形成されたのであれば，当然歴史のなかで崩壊することもあると考える．ハンガリーにおける社会団体は，かつて「スターリンモデル」が採用されていた時代には，党と大衆〔群衆〕の間をつなぐ「ベルトコンベア」とみなされ，党の決議を執行することが唯一の任務とされてきた．1956年のハンガリー事件発生以降，この考え方は改められ，国家は公民の結社の自由を承認した．しかし，実際には政治の多元化と一党制の間には矛盾があり，共産主義青年団や労働組合への意見聴取は形式主義に陥った．また，自由を保障する具体的な法律はなかったため，ひとたび公民が実際に行動を起こせば，党と国家の指導者たちはあの手この手で妨害し，公民の結社の自由を歓迎しなかった．現行の選挙制度に目を向ければ，差額選挙は実現したものの，候補者が体制と異なる政治姿勢をとることは許されず，施政綱領を発表することはできない．その結果，有権者の意思は依然として十分に表すことができない．多党制を主張する人びとは，ハンガリーのあらゆる公民や法人がみな，それぞれの活動目標や創立者の意図に基づいて独立した聯合会を結成し，それら聯合会が最終的には正式な政党へと発展できる可能性を認めるよう主張しているという．

　第三は，党と様ざまな利益集団との関係についてである．一党制を主張する人びとは，各社会階級，階層の間の調整は党によってなされるべきだと考える．一方，多党制を主張する人びとには2つの考え方があり，1つは党ではなく国家がその任務を果たせばよいとするもの，もう1つは利益の調整は党や国家があまり管理せず，労働組合，共産主義青年団，婦女聯合会などの社会団体によってなされるべきとするものだという．

　以上の汪の議論は，論争の争点を紹介するという形をとりながら，一党制の弊害をかなり直截的に論じていると読むこともできる．汪は本論の結びとして次のように述べる．

　　ハンガリー〔社会主義労働者〕党の指導者たちは，「自らを1つの手本，1つの変革を実現させる実験室として打ち立てる」ことを願っている．彼らのこの独

　立した思考は，政治実践の大胆な模索が成功するか否かにかかわらず，国際共
　産主義運動や，社会主義国家の改革事業にとって有益な経験となる（72頁）．

同党はこの後ほどなく，一党独裁を放棄し，社会民主主義政党へと転身するこ
とになる．一方，中国共産党はその後の歴史のなかで，これと同じ道をたどる
ことにはならない．ハンガリーの改革は反面教師として参照されていくことに
なったのではないかと推測される．

（家永　真幸）

6
直接選挙と競争原理の導入

　本論では，1980年代の中国が旧東欧諸国の選挙制度改革をどう観ていたのか
を知るための史料として，『ソ連東欧問題』に掲載された田娟玉の手になる2
編のレポートを取りあげる．「東欧国家の憲法および選挙法の改革〔「東欧国家憲
法和選挙法的改革」〕」(1985年第5期) および，「60年代以来の東欧国家における地
方代表機構の発展の特徴〔「六十年代以来東欧国家地方代表機構発展的特点」〕」(1986年
第4期) である．

　テキストの内容を検討する前に，まずは中国の選挙制度を概観しておきたい．

　中国は「三権分立」の思想ではなく，立法と行政の一体化を理想とする「議
行合一制」を採用しており，人民によって選出された代表から成る全国人民代
表大会 (全国人大) を，人民が国家権力を行使するための最高国家権力機関と
位置づける．人民代表大会は全国 (国家中央) 以下，地方の各行政レベルにも
設置されている．

　それらの代表を選出するための手続きは，法律で定められている．現行の選
挙法は1979年7月に制定され，これまで7回の改正 (1982年，1986年，1995年，
2004年，2010年，2015年，2020年) を経たものである．1970年代末を境とする選挙
システムの変化については毛里和子 (2012:131-136頁) が簡潔に整理しているが，
そこでは以下のような点が指摘されている．

　まず，1950年代以来の選挙システムは末端の郷レベルのみを有権者による直
接選挙としていたが，この法律により直接選挙は県レベルまで引き上げられた．
ただし，その上位の，区を設ける市・自治州レベル，省レベル，全国 (国家中央)
レベルの人民代表は，1つ下級の人民代表大会によって間接的に選出される．
それまで直接選挙は有権者の挙手によっておこなうのが一般的だったが，この
選挙法により無記名投票が原則となった．地主などの階級による選挙権・被選

挙権の制限は撤廃された．このほか，従来の選挙は候補者数と定数を同数とする「等額選挙」（以下「　」略）であったが，ごく限定的ながら競争原理が導入され，候補者数が定数を若干上回るようにする「差額選挙」（以下「　」略）が採用された．

　中国の政治体制改革に関する論議は，1970年代末に一度盛り上がった後，魏京生（1950年-　）ら民主活動家の逮捕を経て1980年代はいったん下火となり，1986年頃から再燃する．本論が取り上げる田娟玉の2編の論考は，ちょうどそこに跨る時期に発表されている．後知恵として，1987年に入ると，鄧小平は人民代表大会の選挙制度改革や多党制の採用に消極的な態度を露わにしていく（味岡徹 2019：16-17頁）．その後，政治体制改革の主要な論点は，1987年10月の中国共産党第13回党大会で示されるように，共産党と政府の職能をどう切り離すかという問題に収斂していく．そのため，選挙制度の改革は決して中心的な話題ではなかった．CNKI（「中国知識基礎設置工程」）のデータベースで検索しても，『ソ連東欧問題』誌をはじめ，当時の論文で選挙制度を論じるものはあまりヒットしない．

　しかし，当時の中国の為政者たちは決して選挙制度の問題に無関心だったわけではない．上であげた人民代表の選出とは対象を異にする問題ながら，1986年の地方組織法の修正を経て，1988年前後に省級人民代表大会・政府の指導幹部の選出に際して差額選挙がおこなわれたところ，中国共産党が実質的に推薦する候補が落選する事態が生じた．当時の趙紫陽中国共産党総書記は，これを「混乱」だとして問題視したという（加茂具樹 2006：216-223頁）．

　では，中国国内でも国際社会においても改革の機運があった1980年代において，『ソ連東欧問題』は旧東欧諸国の選挙制度のどのような部分に注目していたのだろうか．ここからは史料の紹介に入りたい．

　第一に取り上げる田娟玉「東欧国家の憲法および選挙法の改革」（1985年10月）は，1970年代の旧東欧諸国で新しい選挙法が制定されたことに着目し，それらの基本的な内容ならびに特徴を概観するレポートである．

　田は「すべての公民が国家機構の選挙に参加できるようにすることは，もはや選挙法の重要な準則のひとつとなっている」と指摘したうえで，まずは有権

者の年齢要件について論じる．たとえば，東ドイツでは1976年の選挙法により人民議会代表の年齢資格が21歳から18歳に変更されたことや，ハンガリー憲法では既婚者であれば18歳未満でも有権者となることを紹介している．一方，精神病患者に選挙権を与えないのは「社会主義法制の要求に完全に符合する」とし，ポーランドではそのような該当者は裁判所によって確定されることを紹介する．田は本レポート全編を通じて中国の事情には一切言及しないが，中国では1954年の中華人民共和国憲法（54年憲法）からすでに満18歳の公民に選挙権を与えており，また精神病患者には選挙権を認めていない．このあたりの議論は，中国の状況は旧東欧諸国と変わらないという論調と解釈してよさそうである．

　続いての論点は，直接選挙か間接選挙かという問題である．田は，旧東欧諸国では各レベルの人民代表機構の選挙で直接選挙が採用されており，間接選挙を採用しているのはハンガリーとユーゴスラヴィアの2カ国だけだと指摘する．ハンガリーでは，州レベルの議会は地方（市，郷，首都各区）議会の選挙により生み出される．ユーゴスラヴィアは，代表機構の形成手続きがきわめて複雑であり，一部の代表は直接選挙によって生まれ，残りの一部は代表団によって指名されるという．これに照らせば，中国は少数派ということになるが，田はその是非については特に態度を表明しておらず，旧東欧の2カ国の例を通じて中国の制度を正当化しているわけでも批判しているわけでもない．

　秘密投票の問題については，田は，旧東欧のすべての国の憲法および選挙法が無記名投票の原則を明記していると指摘する．

　次に田は，選挙を管理・運営する選挙委員会を常設とするか否かという問題を論じる．旧東欧の大多数の国では，選挙委員会は選挙を準備・実施する期間だけ設置される．しかし，いくつかの国では特定の機構があらゆる時期を通じて権限を行使し，ある種の選挙委員会も組織するとして，田はブルガリア，ユーゴスラヴィア，ハンガリーを例にあげる．そのような常設機関を設けるメリットは，代表の欠員補充やリコール投票をおこなう必要が生じたときに，改めて選挙機構を打ち立てる必要がない点に求められるという．一方，田は，ポーランド，ハンガリー，東ドイツでは国家（中央）に常設される選挙管理機構が廃

止されていったと指摘する．なお，中国の1979年選挙法では，選挙は各レベルの人民代表大会常務委員会ないし地方行政機関が主催し，選挙委員会はその指導を受けると規定されている．中国は後者の事例に近いということになろう．

本文のなかでも田が最も多く紙幅を割いているのは，候補者の推薦方法についての論点である．田はこれを「選挙プロセスのなかでも最も重要」と明言し，各国の事例を紹介する．ブルガリアやユーゴスラヴィアでは等額選挙がおこなわれているが，東ドイツ，ポーランド，ルーマニア，ハンガリーでは差額選挙が導入されている．ユーゴスラヴィアでは複雑な手続きの下で等額選挙がおこなわれているが，これについて田は，「ユーゴスラヴィアの選挙で候補者が競争する方法が採用されないのは，理由のないことではない」と指摘する．なぜなら，「小さな選挙区では，有権者は自ら候補者を理解し，〔定数を超える複数の〕候補者のなかから十分に理由のある選択をおこなうことができるかもしれないが，大きな選挙区では通常，それができる可能性はない」からである．

差額選挙をおこなう場合，投票用紙の記入方法や有効票の判定基準，得票数を当落とどう結びつけるかといった論点も派生することになる．旧東欧諸国の取り組みはまちまちであるが，田はたとえば，東ドイツでは投票用紙に候補者の名前がいくつ書いてあっても有効票となること，ポーランドでは選挙の得票数では当選ラインを満たさなかった候補者も空席補充のために任用されるケースがあることなどを紹介する．このほか，田は代表をリコールする場合について，旧東欧諸国で様々な手続きが取られていることを紹介する．

以上の議論を踏まえ，田は「東欧国家の新憲法および新選挙法は民主原則を継承し発展させている」と総括したうえで，その発展の傾向は「国家機構選挙プロセスにおいて極力，全人民の利益を反映させると同時に，その社会を構成する民族団体の利益も反映させる」というものだと結論する．

続いては，同じ田娟玉が1986年8月に発表した「60年代以来の東欧国家における地方代表機構の発展の特徴」を見ていきたい．このレポートは全3節から成り，第3節の一部で旧東欧の選挙改革について論じる．

順を追ってレポートの概要を確認すると，まず第1節は「地方代表機構の性質」を扱う．田は「地方政権機構がどれほど機能を発揮できているかは，1つ

の国家がどれほどの水準で経済・文化建設を主導できているかを示す重要な指標である」との認識を示したうえで,「東欧国家では,地方代表機構は国家政権機構の職能を履行するだけでなく,人民自治の重要な形式でもある」と肯定的な評価を下す.

　第2節「地方代表機構の構成」は,旧東欧諸国で地方代表機構の代表定数削減がおこなわれていることを紹介し,その目的は「人民が社会の管理に参加するレベルを質的に向上させる」ことにあると指摘する.

　第3節は「地方代表機構の発展の主な特徴」と題して,以下の各点を指摘する.第一に,ハンガリーの州議会など,行政レベルの上位に位置する地方政権機構は,制度に変更が加えられず相対的に安定している.第二に,ハンガリー,ブルガリア,ポーランド,東ドイツ,チェコスロヴァキア等で,末端レベルの行政区画を大きくしていく傾向がみられている.第三に,都市およびそれと隣接する農村の集約化が重視されてきており,とりわけブルガリアでは独特な村落共同体構築の取り組みがおこなわれている.

　これらに続き,第4点として,選挙方法の改革が進んでいることが詳しく論じられる.田はまず,ハンガリーで1983年に新選挙法が制定され,それに基づく地方議会選挙が1985年におこなわれたことを紹介する.この選挙は当時の日本でも注目され,「ソ連圏で初めて,すべての地方選挙区で複数の立候補者のなかから選択がなされるという,少なくとも制度上は画期的な総選挙が実施される」と報じられている.[1] 田もこの選挙が差額選挙であることに注目しているほか,全国は4万2724の選挙区に分けられたこと,いずれの選挙区からも1名の正式代表を選出するとともに,25％を超える得票のあった者は代表候補とされたこと,この選挙における有効票は投票者総数の94.6％を占め,無効票は5.4％であったこと等も紹介している.

　次に田は,ポーランドにおける人びとの政治や選挙への無関心と,政府によるそれへの対応を論じる.ポーランドでは,投票が活発でなくても議員が選出できることを保証するため,「復選」という,いわば選挙のやり直しの方法が規定されている.すなわち,各選挙区の選挙で候補者が当選するためには,必ず半数以上の有権者が投票し,候補者は過半数の票を得なければならない.し

かし，最初の投票において投票数が有権者の半数に満たなかった場合や，２名の候補者がいずれも過半数の票を得られなかった場合，「復選」をおこなわなくてはならない．復選においては，有権者の投票数が多かろうと少なかろうと有効となり，２名の候補者のうち得票の多かった方が当選となるという．

　田は被選挙人の法定年齢を紹介するのに続けて，代表候補者を指名する権限は誰に与えられているかを論じる．田はまず，旧東欧国家では，代表候補者をあげる権力を有する主体がまちまちであると指摘したうえで，以下のように概況を説明する．

　　ルーマニアでの現行憲法および選挙法は，その権力を社会主義統一戦線委員会〔「社会民主和統一陣線委員会」〕に付与している．この組織は各企業，組織および居民区の有権者大会において候補者に関する提案をおこなう．1974年以前のすべての労働人民大衆〔「群衆」〕団体および社会組織が，ルーマニア共産党を含めてみな候補者指名の権力をもつ方法を改めたのである．その他の国家では，地方の大衆〔「群衆性」〕政治機構，社会団体，各民主党派組織，何らかの有権者グループ，労働者グループ〔「労働集体」〕および末端の代表機構は，いずれも代表候補者指名の権限を有するか，それら機構が自身の候補者を出したり，候補者を提案したり，すでに指名された候補者の共同提案者となることを表明したりする〔権限を有する〕．

　　ブルガリア，東ドイツ，ポーランド，チェコスロヴァキアでは，党の各レベルの組織は候補者を指名する権限を有することが法律の条文で規定されているが，実践においてその権力が頻繁に行使されるわけではない．ハンガリーとルーマニアでは，この手の権限についての明文規定はないが，上述の国家と同様に，実践においては党組織が，代表候補者の指名も含めて選挙を主導する．

　このほか田は，旧東欧で差額選挙が普及しつつあることを指摘するほか，各国の代表の任期年数を紹介する．

　選挙の話題が終わると，最後の第５点として，田はポーランドを除く旧東欧諸国で国家予算全体における地方予算の比重が高まる傾向にあることを指摘し，地方政権機構の財政基礎は強化されているとして，本文を締めくくる．

　以上２編の著者である田娟玉の人物については，情報が非常に少ない．本論で扱った２編を除くと，ほとんどの論考を『今日ソ連東欧』誌（および後身の『今日前ソ連東欧』誌）に発表していることから，同誌を発行する華東師範大学所属の研究者であることが推測される．また，ロシア語教育に携わっていたことや，トロツキー自伝の中国語訳版の訳者の一人であることが，インターネット上の断片的な情報からわかる．しかし，田が中国の選挙政策決定過程でどれほど影響力をもったのかについては判然としない．

　では，田の論考が発表された後，実際の中国ではどのような選挙改革がおこなわれたのか．折しも，1987年上半期に，北京市において区，県，郷，鎮の各レベルの人民代表大会代表の，任期満了にともなう選挙が実施されている．この選挙は，鄧小平の「民主のないところに社会主義はなく，社会主義現代化はない」とのスローガンの下，1986年12月の全国人大常務委員会による選挙法の改定を経て，中国なりの民主の実践が試みられた選挙であった．左麟書「北京市の今春の任期満了改選の特徴〔「北京市今春換届選挙的特点」〕」（『学習と研究〔「学習与研究」〕』1987年第４期）はこの選挙の特徴として，① 各レベルの人民代表の定数が削減されたこと，② 選挙区を大きくし過ぎないようにしたこと，③ 特定の民族，性別，職業，社会的経済的地位〔成分〕の当選保証を緩和し有権者が選挙する権利を保証したこと，④ 直接選挙をおこなう県，郷レベルの選挙で候補者数を定数の３分の１増しから２倍とする差額選挙としたことなどをあげる．

　この選挙において，すべての公民は候補者を推薦する権利を有したが，具体的な推薦方法は ① 各政党，各人民団体による聯合推薦，② 各政党，各人民団体による単独推薦，③ 有権者10人以上の連名による推薦の３種類があった．張民・佘緒新「１つの重要な民主実践──今春の北京市任期満了改選を回顧する〔「一次重要的民主実践──今春北京市換届選挙回顧」〕」（『学習と研究』1987年第11期）によれば，当選した区，県代表4875人のうち，有権者の連名により推薦された候補者は当選者の86.3%を占める一方，各区，県の政党団体が推薦した候補者のうち43人（推薦された候補者総数の６%に当たるという）は落選した．張，佘はこれを直接民主の発展を説明する事実と位置づけている．

　以上のような1987年の北京市の選挙に対する評論と照合すると，田のレポートが紹介する旧東欧諸国の選挙制度が当時の中国でどのように読まれたのか，どのような部分が参照に値するとみなされていたのか，ある程度は想像で補うことが可能かもしれない．すなわち，中国が実際におこなった選挙制度の変更は，「選挙区は小さくし，間接選挙は維持する」というものであった．田の論考のなかでは，選挙区が大きくても直接選挙をおこなうソ連のような事例について目立った考察はなされていない．田ないし田が想定する読者の主眼は，中国の間接選挙制度を正当化するために，旧東欧諸国のどのような部分が参考になるかという点にあったようにも読める．

注
1 ）　木戸蓊「ハンガリーの政治改革は実現するか——新選挙法施行が意味するもの」(『エコノミスト』1985年 3 月 5 日号）75-81頁.

（家永 真幸）

7

人材の育成と任用をめぐる制度改革

　本論は，紀洪江「ソ連はどのように知識人を育成しているか〔「蘇聯是怎様培訓知識分子的」〕」（『ソ連東欧問題』1984年第3期）と常玢「ブルガリアの指導幹部の業務能力を育成・向上させる組織システム〔「保加利亜培養和提高領導幹部業務能力的組織系統」〕」（『ソ連東欧問題』1988年第4期）を取り上げ，とりわけ幹部の育成と任用について整理する．

　中国共産党の幹部育成の制度化は，日中戦争期に遡ることができる．当時の中国共産党は，優秀な労働者や農民を選抜し，党・政・軍において指導的な職務を担う幹部集団を形成した（仝志敏 1988：17-21頁）．中国共産党がめざしていたのは，すべての幹部にマルクス主義理論と専門知識を修得させ，科学的水準や文化的水準のみならず，指導能力と管理能力をも向上させることで，各部門の専門家としての実力をもつ幹部を育て上げることだった（仝志敏 1988：248-249頁）．

　むろん，このような幹部育成プランも反右派闘争や文化大革命（文革）の影響を免れることはできず，順調に実施されたわけではない．さらに文革終了後は，経済成長が最優先課題に位置づけられるなか，幹部の育成や任用をめぐるシステムの立て直しが急務となり，新たな動きが展開された．たとえば，1979年から1980年にかけて実施された先進国（日本やアメリカなど）を対象とする学術調査では，中国における技術革新の必要性が強く認識された．そして，それを支える近代化と政治改革を推進するべく，党の指導者や政府・軍の官僚を任用する制度を整備し，規範意識や専門的知識，実務能力などを兼ね備えた人材を育成するためのシステムが構築されることになった（任暁 2022：186頁）．

　こうして1980年代に新たに任用された幹部たちは，生産性の向上を重視した鄧小平（1904-1997年）や趙紫陽（1919-2005年）らによって，専門家として重要な

地位を与えられていった．当然に，その裏側で，政治活動に主軸を置いてきた
旧来型の幹部たちは周縁に追いやられることになった（高原明生 2018：131-134頁）．

　以上のように，幹部の育成と任用のあり方が変化しつつあったなかで，『ソ
連東欧問題』はこの問題に対して一定の関心を示していた．本論で紹介する論
文のうち，紀洪江「ソ連はどのように知識人を育成しているか」は1984年に公
表されたことから，当時の政治改革の方針やそれに準じた政治改革の動きと呼
応したものと推測される．つまり，1980年代前半の中国では，党政分離を基本
原則とする機構改革と分権化が一部で進展する兆しが現れつつあり，「四つの
現代化」を実現するため，一定の条件を満たす人材であれば党員でなくとも幹
部として任用されるようになっていた――ただし，この段階での非党員の政治
参加はきわめて形式的かつ限定的な意味しかもたなかった（田中信行 1993：266-
269頁）．そうした政治的動きが紀論文の背景にあったと考えられる．ちなみに，
紀洪江（不詳）は，「ソ連の農民と労働者が一体化した現状とその趨勢〔「蘇聯農
工一体化的現状和趨勢」〕」（『外国問題研究』1981年第2期），「科学技術の進化を加速
させるためのソ連の最新の対策〔「蘇聯加速科技進歩的最新措施」〕」（『ソ連東欧問題』
1987年第4期）などの論文を公表すると同時に，陳孔倫との共著で『ソ連経済体
制改革史〔「蘇聯経済体制改革史」〕』（吉林人民出版社，1989年）を出版するなど，少
なくとも1980年代においては代表的なソ連研究者の一人だったと推測される．

　この紀論文が『ソ連東欧問題』で公表されたのち，幹部の育成と任用を話題
にした論文のうち，重要度の比較的に高かった論文が，1988年に公表された常
玢「ブルガリアの指導幹部の業務能力を育成・向上させる組織システム」であ
る．常玢（1955年-）は，本書収録「総論――私たちは改革開放史をどこまで知っ
ているのか」にもあるように，『ロシア中央アジア東欧研究』副主編を務める
など，改革開放期全般を通じて代表的なソ連・旧東欧研究者として評価されて
いた．彼がこの文章を発表した1980年代後半の中国では，1987年10月の中国共
産党第13回党大会後に党政分離を実質化させるような機構改革の機運がかなり
高まっており（田中信之 1993：270-273頁），その改革の一環を成す幹部制度にも
再び関心が集まりつつあった．常論文は，こうした政治的動機を背景にしなが
ら，ブルガリアの幹部制度改革――当時のブルガリアは，サイバネティックス

理論とコンピュータを活用することで経済成長と共産主義を同時に実現しよう
としていた——に注目したのだった.

　では,紀洪江論文から確認していこう.

　紀洪江は,まず,10月革命以降のソ連の「知識人」が1つの社会集団として
どのように形成されていったのかを説明する.

　　　ソ連において,知識人は〔集団として〕成長しており,規模からすれば労働者
　　　階級に次ぐ重要な社会集団となっている.ソ連の知識人は,主に中等専門教育
　　　あるいは高等教育をうけており,高度な熟練労働に従事する〔,いわば〕頭脳派
　　　の労働者によって形成された一種の特殊な社会集団である.知識人は,1940年
　　　代以降,ソ連社会を構成するすべての階級,すべての階層のなかで,最も増加
　　　のスピードが速かった集団であり,そのなかでも,とりわけ都市部の知識人が
　　　急速に増加していった.

　　　〔こうした〕知識人の急増は,ソ連の社会構造に根本的な変化を引き起こすこ
　　　とになった(31頁).

紀は,このように総括したうえで,10月革命以降に形成されたソ連の知識人集
団を,さらに3種類に大別した.第一の集団は,帝政ロシア時代から存在する
旧来型の知識人集団であり,彼・彼女らはソヴィエトに吸収されて,国民経済
を担う各部門の業務にあたった.第二の集団は,労働者や農民のうち,優秀な
人材として選抜され,各種の指導業務を任された人びとで構成され,彼・彼女
らは必ずしも十分な文化水準や専門的知識を備えていたわけではなかったが,
実務にたずさわっていく過程で自らの能力を向上させていった.第三の集団は,
上記の引用箇所でも知識人集団の主たる構成要員として言及されていた,中等
専門学校や高等学校で新たに育成された専門家たちだった.

　当然のことながら,この第三の集団が,1940年代以降のソ連の科学技術の進
歩と国民経済の発展にともなって急増していき,重要な役割を果たすように
なった.では,なぜ,この第三の集団がソ連では出現したのか.それは,ソ連
の教育制度と大きく関わっていた.つまり,ソ連では,理論訓練と実践訓練と
を有機的に結合する高等教育が各分野で発達しており,高等教育機関は高度な

専門的技能を有する専門家を輩出する最も重要な場所として機能していた．この他にも，高等教育を担う夜間部や通信制，さらには中等専門学校も，高い能力を有する専門家を育成することに貢献していた．

　紀は，さらに，ソ連の幹部育成とその任用の強みとして，重要な職務に従事している幹部たちに対する再教育に着目し，以下のように述べている．

　　（前略）人類が必要とする知識が急速に増加している現代において，知識人が
　　青年期に受けた教育は，その基礎を単に形成するだけである．重要なことは，
　　常に絶えず新たな知識を補充し，新たな科学技術の情報を理解し把握すること
　　である．
　　　ソ連は，知識人が急速に発展する現代の科学技術に適応し，各分野で絶えず
　　現れる新たな技術をより高い水準で習得して，自身の業務の水準とその指導能
　　力を向上させられるように，知識人の再教育を極めて重視している．
　　　ソ連の知識人に対する再教育は，主に系統的な業務研修を通しておこなわれ
　　ている．ソ連によって指定された各種の業務研修学校および〔再教育の関連〕組
　　織の基本的任務は，科学技術の進歩を加速させ，研修生の政治的かつ専門的な
　　知識を有効に深化，強化させ，各分野の知識人と指導者の業務水準を高める，
　　ということである（35頁）．

　紀論文からは，自国の科学技術や経済，文化の発展を促すためには，高等教育によって専門的な知識や技能を身につけた知識人が党・政・軍の各部門の幹部として育成・任用されなければならないと認識されていたことが読み取れる．紀洪江は，こうして，各分野を専門的に担うような多様な人材が中国でも確保されることを求めていた．

　では，具体的にどのように幹部を育成し任用することが国家の発展につながると考えられていたのだろうか．常玢「ブルガリアの指導幹部の業務能力を育成・向上させる組織システム」を確認しておこう．

　常玢は，ブルガリアに注目する理由を次のように説明している．

　　ブルガリアは，指導的立場にある幹部（指導幹部）の業務能力を向上させるた

めの取り組みを，社会経済の発展を進める統一的な国家計画のなかに組み込むことで，指導幹部が業務能力を身につけられるような，比較的に完備された組織システムを形成しつつある．各レベルの指導幹部は，様ざまな形式の訓練をうけて，自己の専門技術の水準と管理能力を高めており，そうして社会経済の発展と科学技術の進歩を促している（68頁）．

　常玢によれば，ブルガリアは，この目標を達成するために，①各職場の業務効率やその質をめぐる問題点を発見し克服すること，②業務能力を向上させるのに相応しい幹部の選抜と育成の仕組みを構築すること，③社会の生産状況の変化にともなって幹部の業務能力を育成するシステムを変化させること，④幹部の業務能力の向上に取り組む各職場への経済的支援を強化すること，⑤幹部の業務能力の向上に関わる三者（学校と職場と幹部）の協調を促すようにそれぞれの責任を分担させること，を重視していた．そして，このような目標と方法を基盤とするブルガリアの幹部育成事業は，3つの国家組織によって支えられているという．1つ目は，「科学と教育方法論センター」である．このセンターは，ブルガリア共産党の中央が管轄しており，科学と教育の両部門を統括しながら，指導幹部の業務能力を向上させている．同センターには，党・社会団体・国家・人民監督機関の幹部の育成を担う「社会科学と社会管理学院」，国家・経済・行政を指導する幹部の育成を担う「社会管理学院」が含まれる．2つ目は，人民教育部の「科学研究と教育方法論センター」のうち，専門的な幹部の業務能力を向上させる部門である．3つ目は，同じく「科学研究と教育方法論センター」のうち，行政を担う幹部の業務能力を向上させる部門である．

　それでは，ブルガリアの幹部育成方法とは具体的にどのようなものだったのだろうか．常玢は，最も一般的な方法として「一時休職による集中的な訓練」をあげる．また，指導幹部の視野を広げるために，「社会管理学院」が党や国家の指導者および著名な専門家に講演を依頼したり，外国から教師を招聘して科学と教育を担う事業に協力を求めたりしていることも指摘している．

　以上のようにブルガリアの幹部育成制度を解説した常玢は，幹部の業務能力を向上させようとする様ざまな取り組みが機能するためには，そもそも教育（再

教育）をうける側の幹部の態度こそが最も大切である，という至極当然な一般論を強調している．そのうえで，とりわけ指導する立場に立つ幹部の業務能力を向上できなければ，社会や経済の発展を推進することは難しいとする観方を示している．常は，この論文の最後で次のように述べている．

> ブルガリアが一貫して強調しているのは，社会主義の各レベルで指導する立場にある幹部は，いかなる状況下でも，社会の生産部門に適応できる専門家でなければならず，それと同時に，政治家や経済学者，管理〔学〕者，心理学者，社会学者，法学者でもなければならない，ということである（72頁）．

　ここには，経済成長や技術革新の推進に直接役立つ（ようにみえる）分野だけでなく，社会科学も含め様ざまな学問を幹部たちが修得することの意義があらためて示されている．その点で，常論文は当時の中国社会に対して大きな課題を投げかけているのかもしれない．ただし，常玢は，幹部が具体的にいかなる分野の知識や技能を身につけるべきかという点については，さほど明示的ではない．推測するに，ブルガリア共産党書記長トドル・ジフコフ（1911-1998年）の言葉を引用していることから（72頁），常の考える理想的な幹部とは，上に立つ者としての管理能力に加えて，共産党の政治思想にも精通した者だったのだろう．新しい時代に適応する専門性を身につけた幹部を育成し任用するにしても，それらは中国共産党の指導体制の枠内でおこなわれるべきであり，そのバランスを1980年代後半においても保とうとしていたブルガリアは常にとって理想形の1つだったと言ってもよいだろう．

　ちなみに，人民共和国期の高等教育は文革中に破壊されたものの，その基盤は1950年代に構築され，1980年代にも何とか維持された．ここでいう基盤とは，ソ連モデルに中国要素を加えて形成されたものである．人民共和国期の人材育成制度がソ連一辺倒だったわけではなかったことには，十分に注意しておかなければならない（大塚豊 1996：397-401頁）．とりわけ，1970年代末から1980年代にかけて，教育分野ではアメリカとの交流が活発化していたことから，一層の注意が必要である（マン，ジェームズ 1999：161-164頁）．すなわち，改革開放萌芽期の中国における人材育成とその任用の制度は，本論で検討したようにソ連や

旧東欧諸国の成果を吸収しながらも，アメリカを中心とする西側の成果をも取り入れながら再構築されつつあった．この点についても検討しなければならないだろう．

注
1）　サイバネティックス理論は中国語で「控制論」と呼ばれ，それを支持した中国の学者も存在した（黎鳴 1988；鄧英淘・何維凌編 1985）．
2）　ロシアでは19世紀後半以降，「インテリゲンツィア」（「知識人」の意）と称される批判的知識人たちが，革命運動や文化創造，啓蒙活動といった方面で重要な役割を果たした．当初のインテリゲンツィアは，たんに教養ある人びとというだけではなく，批判的・根底的な思考をもつことが特徴であったが，ロシア革命後は，社会主義建設の一翼を担う者とみなされるようになった（川端香男里ほか監修『ロシア・ソ連を知る事典』平凡社，1989年，47-48頁）．さらに紀洪江も説明するように，戦後のソ連では，技師，初等・中等学校教員，医師，研究者など，頭脳労働に従事する人びとの多くがインテリゲンツィアという社会層に含まれるようになった．こうしてロシア・ソ連では「知識人」の数が増え，質も大きく変化した．
3）　このような高等教育システムが結果的に成功したといえるのか否か，後世に何をもたらしたのかについては別に論じる必要がある．

（久保　茉莉子・宋　君宇）

Column 3　労働組合と勤労者評議会
——チェコスロヴァキアの模索

　労働者の組織としてすぐに思い浮かぶのは，経営者と対峙し，賃金や労働時間など労働条件を団体で交渉する労働組合であろう．しかし，社会主義国は労働者，勤労者の国家とされているために，国家や共産党に対して，労働者が労働組合を通して自分たちの利益を主張することが難しい．社会主義期のチェコスロヴァキアにおいて，労働組合は，被用者のほとんどを組織する大組織であり，中央評議会を頂点に産業ごとの単位組合が並ぶトップダウンの構造をもった．第一の任務は，労働意欲を組織し，動員することであり，社会主義国家を補助する役割を担っていた．

　1968年のプラハの春の際には，このような労働組合のあり方の見直しがおこなわれた．中央評議会のリーダーは刷新され，賃金，文化，労働時間，社会保険や住宅，衛生問題について政府との交渉がおこなわれた．単位労組へ権限も委譲され，業界ごとに独自の活動が可能となった．しかし，このような労働組合の自立的なあり方は一時的なものであった．

　より徹底した労働組合の変革が生じたのは1980年のポーランドである．食肉価格の引き上げへの抗議に端を発し，官製の労働組合に不満を抱いた労働者がストライキを通じて政府に自由労組「連帯」の設立を認めさせた．「連帯」は産業別ではなく，地域ごとに組織され，ポーランド中に拡大し，全体では1000万人近い組合員となった．1981年末の戒厳令で「連帯」は取り締まられたが，共産党はもはや社会を抑え込む力をもたず，労働者の利益表出は官製労組に舞台を移して継続することになる．

　もう1つ，労働者の意見表出の場として興味深いのは，企業の経営に労働者の意見を反映させる勤労者評議会である．代議制民主主義を通しての政治的決定への参加に加え，経済的決定に労働者階級が直接参画する経済民主主義の構想は，1920年代から議論されており，評議会革命の流れをくむ職場における評議会的なものから，マクロな全国レヴェルのコーポラティズム評議会構想まで様ざまな形が考えられていた．

　第二次世界大戦後，ヨーロッパ各地でその具体化の試みがみられたが，チェコスロヴァキアでは，1945年10月に大規模な企業の国有化と同時に企業評議会令が公布され，すべての企業に労働者による企業経営統制の機関として企業評議会を設けることが義務付けられた．

　しかし，企業評議会は1948年に廃止され，このテーマはチェコスロヴァキアではタブーとなった．フルシチョフのスターリン批判後，ユーゴスラヴィアの労働者自主管理制度やレーニンの労働者統制論を手がかりに，このテーマが再燃し，1968年の改革議論のなかでも取り上げられた．議論では，評議会を再設置することによって，労働者を疎外から救い，官僚主義，管理主義に対抗する自主管理を実現すべきであるという経済領域における民主化を重視する意見と，企業運営は経験ある管理者が主導権を握るべきであり，労働者の自己利益を重視する介入は企業の効率的な運営にとって妨げになるというテクノクラート派の意見が対立した．両者の妥協の産物として，1968年6月に政府は暫定的に「勤労者評議会」の枠組みを発表し，希望する企業が設置できるようにした．この枠組みは民主派とテクノクラート派の折衷案であり，勤労者評議会には投資，収入の分配などの基本方針についての発言権を認める一方，企業長の企業機能の執行者としての権限も尊重するものであった．評議会の設置は，ソ連の占領後も続いたが，チェコスロヴァキアの企業において大きな役割を示すものとはならなかった．

　ユーゴスラヴィアでは，スターリン化にあらがって，独自の社会主義建設をめざすなかで1950年代に大規模に労働者が企業運営に参画する「自主管理」モデルが実施された．現代社会におけるテクノクラシーによる疎外への解決策として，西側でも多くの関心を集めた自主管理制度は，一般の労働者が工場や農場での労働の後，経営方針を決めるための会議に参画する風景を作り出した．しかし，労働者の賃金や雇用が優先され，技術革新が後回しにされたり，分権化された自立主体間の調整が難航したりと，経済的には多くの課題も抱えた壮大な実験であったといえよう．

（中田　瑞穂）

Column 4　旧東欧諸国の多党制

　社会主義時代の旧東欧諸国をみると，共産党の指導的役割という点では共通しているものの，共産党以外の政党が存続を許されている場合とそうでない場合の両方が存在した．

　いずれの国も，両大戦間期には複数の政党が選挙で競合する政治体制を経験しており，これらの政党は，権威主義体制化やナチス・ドイツの占領で活動は抑圧されたものの，1945年には一度息を吹き返していた．具体的には，共産党を含む社会主義政党や，農民党系の政党，カトリック系の政党などである．内戦から独自にそのまま権力を掌握したユーゴスラヴィアを除き，戦後各国においては，スターリンの方針にしたがい，共産党とこれらの政党の連合政権が作られたが，1948年ごろに共産党の一党支配体制が固まる過程で，共産党以外の政党は，ハンガリー，ルーマニア，ブルガリアでは，共産党との激しい衝突を経て活動停止に追い込まれた．一方，ポーランド，チェコスロヴァキア，東ドイツでは，実質的な政治的影響力はもたないものの「衛星政党」として存続が許された．

　チェコスロヴァキアの場合，社会党，人民党，自由党，復興党の4つの衛星政党が1948年以降も存続した．これらの政党は共産党とともに国民戦線を組織し，国民戦線の統一候補を通じて議会に代表も送っていた．しかし，1948年以降，国民戦線には労働組合中央評議会，婦人同盟や青年同盟，協同組合中央評議会，体育同盟，平和擁護者委員会，赤十字など様ざまな社会団体も加わり，衛星政党の影響力はさらに希薄化した．選挙においては，国民戦線の選挙委員会が候補者を指名するが，選挙委員会は共産党が独占しており，選挙ではこの候補者が必ず当選する．1964年以降，当選者数より多い候補者を立てるようになった後も，リストの順位を決めるのはこの委員会であり，状況は変わらなかった．さらに，国会議員に選出された議員は，どの母体から候補になったか不分明であるという点も，多党制の実質性を損なう要因となっていた．

　しかし，これらの政党は，戦前からの様ざまな社会的ネットワークを維持していた．党員組織はもちろん，党の新聞や出版社も続けていたのは興味深い．ニュースの出どころは共産党系の日刊紙『赤い権利』と同じで，通常は検閲もあるため，

内容に大きな違いはないが，それでも社会党の『自由な言論』や人民党の『人民民主主義』などの新聞を読み続ける人も多かったのである．ただし，衛星政党の党員は出世や昇進は望めなかった．

　1968年のプラハの春の折には，検閲が廃止されたこともあり，これらの衛星政党の活動が活発化し，複数政党制の実質化を求める声も上がった．社会主義というゴールが決まっている中でどこまで政党間の競争が認められるのか，野党という存在がありうるのかが焦点となった．複数政党制より，職能代表の議会にする案も提案された．選挙法の改正作業のなかでは，国民戦線の統一リストは維持しつつ，有権者が戦線を構成する政党や社会団体を，その候補者個人への支持も表明しつつ選ぶ方式が採用されたが，ソ連の介入で選挙は実施されず，改革も頓挫した．

　1980年代末には，ソ連のペレストロイカの動きを見つつ，再びハンガリーで複数政党制が議論された．1988年5月にカーダールに代わって党指導者となったグロース自身は，労働組合，農業協会，青年同盟などの利益団体にある程度の自立性を認める「社会主義的多元性」と「永続的一党制」を両立させようとしたが，次々と市民社会の場に新党が形成され，旧党が復活し，共産党内部からも体制変革への動きが生まれ，次第に複数政党制の容認，政党間の自由な競争に基づく議会制民主主義へと押し流された．

　旧東欧諸国の多党制は，共産党以外の党が歴史的に社会に占めてきた役割ゆえに，無意味とはいえないが，共産党の指導的役割，あるいは社会主義という決められたゴールなどの条件のもとでは，複数政党制としての実態をもたせることは困難であったといえよう．

（中田　瑞穂）

改革の論理を導く
ソ連・旧東欧諸国に対する評価

8
ネップに対する評価と改革の論理

　本論は，1980年代における中国でのソ連研究がソ連の過去の経験を援用することで，改革開放の論理をどのように形成しようとしたのかを検討するものである．具体的に参照されたソ連の経験は多岐にわたるが，そのなかでも比較的に重要度が高いのが，1920年代のボリシェヴィキ政権（1917年10月成立）やソ連（1922年12月成立）によって実行されたネップ（「新経済政策」）の経験である．

　1920年代初頭のロシア内戦中，ボリシェヴィキ政権は経済政策として戦時共産主義を採用していたが，その後ネップへの転換を図った．その際，ネップは資本主義的要素を部分的に復活させた．しかし，レーニン（1870-1924年）からスターリン（1878-1953年）へと指導者が交代すると，ソ連は1928年以降，五カ年計画による計画経済へと舵を切った．つまり，ネップは長続きせず，1920年代の一時的な政策転換に留まった．

　1980年代後半のゴルバチョフ（1931-2022年）下のソ連ではペレストロイカがおこなわれ，その一環として資本主義的要素の導入をともなう経済改革がすすめられた．中国は，これに先駆けて，1970年代末以降，改革開放を展開し，社会主義のなかに市場メカニズムを採り入れた．その際，西側諸国から技術を導入するために，中国は積極的に外資を受け入れた．

　改革開放を支える理論となったのが，1987年11月に趙紫陽（1919-2005年）が提起した「社会主義初級段階」論だった．「社会主義初級段階」論によれば，中国はすでに社会主義段階へ到達しているものの，それは初級段階に過ぎない．つまり，社会主義の発展途上にある中国は，資本主義的要素を取り入れることが可能であり，だからこそ改革開放を容認できる，というのである．

　本論で取り上げる当時の中国のソ連研究，すなわち韓宗翊「ソ連の20年代のネップと我が国の目下の経済改革〔「蘇聯二十年代的新経済政策与我国当前的経済改

革」)」(『ソ連東欧問題』1985年第3期, 1985年6月)および鄭彪「二十年代の啓示
——レーニンのネップとゴルバチョフの『根本的改革』〔「二十年代的啓示——列
寧的新経済政策与戈爾巴喬夫的『根本改革』」〕(『ソ連東欧問題』1987年第6期, 1987年12月)
は, ネップを同時代の改革開放やペレストロイカのモデルになり得ると考えて
いた. しかし, これには論理上のジレンマがともなう. つまり, ネップを社会
主義史上の参照可能な先例と見做すことで, 改革開放に正当性を付与すること
はできる. しかし他方で, ネップは1920年代に限り採用されたため, 改革開放
も時限的なものとなり, その後は再び急進的な社会主義建設に取り組まなけれ
ばならない, ということになる.

　さらに, もう1つのジレンマが発生する. それは, ネップを称賛してスター
リンによる社会主義建設を批判すれば, 毛沢東主義を批判することにつながり
かねないということである. 毛沢東 (1893-1976年) 下の中国が社会主義建設を
おこなった際, スターリンの計画経済モデルを主に参考にした. ネップの再評
価は, 中国の社会主義建設に対する歴史的な再検討を誘発せざるを得ない.

　以上のような背景から, 大きく分けて2つの問題関心が生じる. 第一に, こ
れら2編の研究は, 戦時共産主義, ネップ, 五カ年計画をそれぞれどのように
評価したのか. より具体的には, ネップを前後の政策と比べて肯定的に評価し
ていたのか. レーニンがネップをその場しのぎの政策として実行したに過ぎず,
その後のスターリンと同様に集産主義の道を歩もうとしていたと評価したの
か. あるいは, レーニンの真の考えはネップのなかにこそあると評価したのか.

　第二に, これら2編の研究は, ネップ, 改革開放, ペレストロイカの関係を
どのように考えていたのか. より具体的には, ネップの何を参照しながら改革
開放を実行し, その正当性を確保すべきだと考えていたのか. また, ペレスト
ロイカがネップのどの部分を継承して実行されていると考えていたのか. さら
に, 改革開放とペレストロイカの関係をどのようにとらえていたのか.

　本論は, 以上のような2つの問題関心に基づいて, 韓宗翊論文と鄭彪論文を
分析する. たしかに, 1980年代の『ソ連東欧問題』には, ネップに関する論文
がこれら以外にも多数掲載されている. たとえば, 沈志華の「ソ連のネップに
関する終期問題〔「関於蘇聯新経済政策的断限問題」〕」(『ソ連東欧問題』1986年第4期,

1986年 8 月) などである. しかし, ここで注目する両論文は, ネップとペレストロイカと改革開放を比較している点が特徴的であり, だからこそ本論でとくに取り上げることにした.

韓宗翊論文は, ネップと改革開放の比較をおこなっている点で注目に値する. 韓は, 言論統制が「百花斉放・百家争鳴」政策によって弱まった1956年から1957年にかけて, 複数のロシア語文献の翻訳書を出版した. その一例として, V. ホミャコーフ『ソ連公共飲食業指示文献滙編〔「蘇聯公共飲食業指示文件彙編」〕』(財政経済出版社, 1956年) をあげることができる.

鄭彪論文は, ネップの利点を強調し, ペレストロイカとの共通点を指摘している. 鄭彪『中国のソフトパワー──中国の命運を決定する二つの思考方法〔「中国軟実力──決定中国命運的両種思路」〕』(中央編訳出版社, 2010年) の著者紹介によれば, 鄭は1989年に吉林大学で関夢覚の指導の下で博士課程を修了した. その後, 彼は杭州師範大学政治経済研究所所長となった.

両論文の執筆時期は, いずれも「社会主義初級段階」論が提唱されるよりも前だった. そのため, 両論文は, 理論的基礎を欠いていた改革開放に歴史的正当性を付与するために執筆されたと推測される. というのも, 劉顕忠 (2019) によれば, 改革開放萌芽期のソ連研究は, 改革開放を肯定することを目的に執筆されていたからである. Li, Jie (2017) も, 次のように述べている. 鄧小平 (1904-1997年) は自身の統治体制がいまだ安定していなかった1980年代初頭, 文化大革命以来の毛沢東主義に対抗するためにレーニンの言葉を援用し, その考えを称賛した. 中国の研究者は, 体制内改革のために戦略的にソ連での改革を受容し, これを改革開放に反映させようとした. ただし, Liは, 先行の改革開放から後発のペレストロイカに対する影響を検討していない.

まず, 韓論文と鄭論文が, ボリシェヴィキ政権とソ連で段階的に採用された一連の経済改革, すなわち戦時共産主義, ネップ, 五カ年計画をそれぞれどのように評価していたかを検討してみる.

この 2 編の論文は, 概してネップの意義を高く評価している. ネップが資本主義的要素を取り入れたにもかかわらず, これを社会主義からの後退と批判するのでなく, 理論的な革新をともなった柔軟な改革だとみなした. それとは対

照的に，ネップ後のスターリンによる社会主義建設を，硬直し柔軟性に欠けていたと批判した．とりわけ鄭論文は，レーニンとスターリンを比較してレーニンの方が優れていた，と評価した．

　韓論文は，ネップに先行した戦時共産主義を次のように説明している．強制的な集団化をともなう戦時共産主義は，農民の経済的利益に必ずしも合致しておらず，非常時のロシア内戦中に限り渋々受け入れられた．レーニン下のボリシェヴィキ政権は，内戦終結後も戦時共産主義を維持するどころか，ますます推進した．農民はそれに不満を抱き，頻繁に反乱を起こした．これを受けてレーニンは，戦時共産主義の政策を放棄しなければならなくなった．

　とはいえ，韓論文によれば，レーニンは戦時共産主義に修正を加えた際に，詳細な青写真を描いていたわけではなかった．レーニンは，資本主義から社会主義へ段階的に発展するというマルクス主義の学説を強く信奉していた．しかし，ロシア経済の実態は小規模農村経済であり，未成熟な資本主義の段階に留まっていた．そのため，ボリシェヴィキ政権は，円滑な経済運営のために商品交換システムを利用しなければならず，レーニンもこれを甘受した．レーニンは商品交換を許容したが，1921年前半の段階では，国家資本主義の名のもとに貨幣経済ではなく地方のコミューンとの物々交換を推進した．ところが，農民は物々交換を拒否し，貨幣による個人商人との取引を好んで選択した．そのため，レーニンは1921年後半には物々交換の考えを放棄し，貨幣制度を再び導入した．

　韓論文は，以上の分析から，ネップにおける資本主義的要素の導入を現実的な要請の産物だったと評価した．しかし，このことは，レーニンがイデオロギーに固執せず，社会主義の発展に関する理論のアップデートに成功したことを意味する，とも評価した．1920年代当時，とくに革命勢力からは，ネップは資本主義の再導入を進める反動的な性格を帯びているとの批判がなされていた．しかし，韓論文は，このような批判を退け，ネップがあくまで社会主義化のための政策だったと擁護した．

　鄭論文も，韓論文と同様に，ネップの経済改革を創造性に富むものだったと高く評価した．そして，注目すべきは，1988年に名誉回復されたブハーリン

（1888-1938年）がレーニンとともに取り上げられていることである.

　ネップ期には，社会主義建設の道筋において，とりわけレーニンのネップ理論のような，先見性のある新たな思想が大量に出現した．当然ながら，当時，ロシア共産党（ボリシェヴィキ）内の理論家，指導者（いくらかの反対派の指導者も含む）および学者とビジネスマンたちはみな，程度は異なるものの，これに貢献した．ブハーリンは，レーニンのネップの理論を叙述し発展させ，社会主義建設でのロシアモデルの道筋を模索した際，独創的な貢献をおこなった.

　一方で，スターリンは，偉大なマルクス主義者で卓越した政治家だが，理論家としてはレーニンと比べて，その思考，文化，視野や教養などにおいて差があった．問題は，レーニン時代のロシア共産党（ボリシェヴィキ）の最高指導者たちと比べて，スターリン時代の最高指導者たちの平均的な素養（とくに理論の素養）が明らかに低下したことにある.

　いかなる場合でも，強力な理論的思考が欠けていれば，社会の発展に対して大きな代価が支払われることになる．スターリンは，レーニンのネップが便宜的なものであり，より正確な道筋と方法は「直接の物々交換を用いて市場をなくし，〔そうやって〕市場を取り払って社会主義を建設する」ことであると考えていた．そのため，1930年代以降になると，彼はネップを放棄するよう公然と主張した．実践が明らかにするに，ソ連の社会主義建設でのスターリンモデルには大きな歴史的功績があるものの，同時に大きな歴史的限界があったため，これは普遍的に適用される方法ではない．〔我われは，〕この道筋が形作ったある歴史的条件を，歴史的必然性へと誇張することはできない．これは，理論面では，〔スターリンの〕マルクスとエンゲルスに対するある種の断定的な教条主義的理解に由来しており，唯意志論とプレオブラジェンスキーのいくつかの理論的影響を受けたものである．また，実践面では，「戦時共産主義」のいくつかの特徴（とくに農業）を再現したものである.

　このようなスターリンの道筋は，レーニンのネップの道筋と比べると，新思考とは言い難い．スターリンが戦後に東欧の社会主義諸国に対して自らのモデルを強制的に移植し，その結果，社会主義史上長期にわたって存続することに

なった．いわゆるスターリンモデルを社会主義の唯一のモデルとする観念こそ
が，より教条主義的な守旧的思考だった．政治的な原因のために，スターリン
時代には高度な統一が強調されるのみで，新思考が生み出されることは難しかっ
た．たとえ〔それを〕生みだしたとしても，ヴォズネセンスキーのような不遇を
免れなかっただろう（47-48頁）.

　以上のように，韓論文と鄭論文は，資本主義的要素を導入したネップを社会
主義からの退却だとは考えなかった．むしろ，実際の国家運営の難題に対処す
るために，レーニンが柔軟に理論を現実へ適合させた結果だと考えた．さらに
踏み込んで，この適合は社会主義化における理論面での躍進だと積極的にとら
えた．だからこそ，鄭からすれば，レーニンの改革の論理を否定したスターリ
ンは，むしろマルクス主義の守旧派でしかなかった．

　では，この2つの論文は，ネップと改革開放とペレストロイカをどのように
評価したのだろうか．

　韓論文は，改革開放をネップと同様に画期的な政策だと高く評価した．ただ
し，ネップが一時的な政策だったのに対して，改革開放はそうならないだろう
と予測した．対して，鄭論文は，ネップや改革開放を参考にして展開されたの
がペレストロイカだ，と指摘した．つまり，改革開放の改革の論理はソ連のペ
レストロイカからは直接導き出されない，という立場である．以下，韓論文を
中心に確認しておこう．

　韓論文は，レーニンによるネップやネップ終了後のスターリンの社会主義化
を，これから紹介する3つの角度から批判した──ちなみに，このような韓の
批判は鄭論文とも完全に一致するものである──．それは同時に，改革開放が，
計画経済モデルよりも優れていることは無論のこと，ネップよりも優れている
ことを示そうとするものだった．

　第一に，レーニンはネップにおいて商品経済を利用したものの，いつまでこ
れを存続させるべきかについて言明しなかった．また，スターリンは教条的に
計画経済を当為のものとみなし，その範疇で商品経済を理解していた．そのた
め，自由な商品経済を限定的な形でしか許容しなかった．それらのことを批判

的に説明した箇所が以下である.

　　　スターリンが理論を概括したことによって，スターリン理論が，長期間にわたって，ソ連および第二次世界大戦後に社会主義の道を歩んだ各国家の社会主義の実践を支配してきた．我が国の社会主義経済の建設は，スターリンの社会主義経済モデルを参考にし，大きな経済的成果を獲得しながらも，同時に多くの弊害を生み出した．その弊害は，主に，中央集権を過度に強調し，国家が企業に対して過剰に監督をおこない，商品生産を無視し，価格法則を無視し，市場メカニズムを無視したことである．そのため，この種の経済モデルと日々拡大する経済建設の規模や日々複雑化する経済関係は，ますますそぐわなくなった．我が国の経済体制の改革は難しい．その重要な原因の1つは，伝統的な社会主義経済理論を大きく突破できなかったからである．そのため，〔我われは〕経済改革に対して正確な理論的指導をできないでいた．

　　　（中略）〔しかし，我われは〕最終的に理論面で大きな突破を果たし，社会主義経済は「公有制を基礎とする計画的商品経済」であると明確に認め，それに基づいて，関連するあらゆる重要な経済理論の問題に対して科学的回答を導き出した．つまり，次のように，レーニンの社会主義と商品経済に関する理論を創造的に発展させた．すなわち，〔我われは，レーニンのように〕過渡期の経済〔ネップ〕が商品経済であると認めると同時に，社会主義時代の経済さえも商品経済であると認識して，これらの商品経済は公有制を基盤にして計画的にすすめられるに過ぎない〔，と考えるに至った〕（26-27頁）．

　第二に，レーニンは，ネップを実施したものの最終的には資本主義をすべて破却することで公有制を全面的に実現しようとし，スターリン以降のソ連も，レーニンのそのような考えにしたがって経済モデルを構築していった．つまり，スターリンは言うに及ばず，レーニンもネップで一時的な私有制の存続を許可したに過ぎず，その経済改革に対する理論的な貢献は限定的だった．これに対して，中国の改革開放は，公有制を基礎としながらも，資本主義的要素を取り入れている．このことは，中国が鄧小平の下でレーニンの理論をさらに発展させ，社会主義経済理論を大きく前進させたことを意味する．

　第三に，レーニンは，経済における対外開放を推進すべきだと考えていた．しかし，スターリンは，五カ年計画（第一次）を開始すると，対外開放への熱意を失った．これに対して，中国の改革開放は，経済的な対外開放を大々的にすすめ，自国の経済成長へとつなげている．つまり，中国はソ連とは異なり，理論面でブレイクスルーを果たし，対外開放を社会主義建設において確固たるものとして取り込んだ．

　本論が扱った韓論文と鄭論文によれば，ネップは改革開放とペレストロイカの先例となった貴重な歴史だった．それどころか，改革開放は，ネップの欠陥を克服して，経済改革をめぐる論理を新たに発展させた．このように改革開放萌芽期の中国は，ソ連の経験を分析し，そこから教訓をくみ取って，自らの改革に役立てようとしたのである．このような評価は，ネップを利用した改革開放への権威付けに他ならない．

（横山　雄大）

9

フルシチョフに対する評価と改革の論理

　本論では，第二次天安門事件（天安門事件）を経た中国が，国内の改革にソ連
の改革経験をどう活かすべきだとみていたのかを知るために，邢広程「『混乱
をしずめて正常に戻す』ことから初歩的な改革まで──フルシチョフの政治体
制改革の歴史的軌跡〔「従「撥乱反正」到初歩改革──赫魯暁夫政治体制改革的歴史軌跡」〕」
（『ソ連東欧問題』1991年第1期）を取り上げる．邢論文が発表された時期はソ連崩
壊の前夜にあたり，また，中国共産党指導部内では天安門事件を機に「和平演
変」に対する警戒が一大テーマになったのみならず，改革開放政策そのものに
対する疑問が広がったことによって改革が停滞し，成長率や農業再集団化をめ
ぐって意見の対立が起こるなどしていた．

　なぜ邢広程（1961年-）は，ゴルバチョフ（1931-2022年）の改革ではなくフル
シチョフ（1894-1971年）の改革を対象に選んだのだろうか．その理由として考
えられることは2つある．

　1つは，1990年代初頭以降，中国国内でゴルバチョフ批判が始まったことで
ある．その背景には，1990年3月15日にゴルバチョフがソ連大統領に選出され，
ソ連共産党の権力独占を解き放つプロセスに着手すると，中国共産党と中国の
学者は，このようなソ連の動きが中国共産党の一党支配に対してマイナスの影
響を与えかねないという認識をもつようになり，ゴルバチョフを否定的にとら
えるようになったことがある．こうした状況下では，ゴルバチョフの改革を直
接取り上げるのは難しかった．

　もう1つは，ゴルバチョフではなくフルシチョフを取り上げることにむしろ
積極的な意味があったと推測されることである．当時の中国には，次のような
観方が存在していたようである．すなわち，集権化の克服という点でレーニン
（1870-1924年），フルシチョフ，ゴルバチョフの改革に連続性を見出し，個人崇

拝と結びつくことで更に強力な集権化をもたらしたスターリン（1878-1953年）の負の遺産をフルシチョフが改革しようとしたものの，それが不完全に終わったことから，フルシチョフの改革を部分的には評価しながらも反面教師とし，中国がソ連と同じ道を歩むことがないようフルシチョフの改革を精査する必要がある，との考えである．

　邢広程は，1983年吉林大学歴史学部卒業後，中国社会科学院ソ連東欧研究所で研究に従事し，2004年から『ロシア中央アジア東欧研究』の責任者を務め，2002年にソ連東欧研究所から改称されたロシア東欧中央アジア研究所所長にも任命された（2005-2009年）．現在は中国辺疆研究所所長を務めている．主要著作には，『ソ連最高指導部の政策決定70年──レーニンからゴルバチョフまで〔「蘇聯高層決策70年──従列寧到戈爾巴喬夫」〕』（中国社会科学出版社，2007年）などがある．

　それでは，順を追って邢論文の具体的内容をみていきたい．

　邢広程は，冒頭の「『混乱をしずめて正常に戻す〔「撥乱反正」〕』の歴史的効果」のなかで，フルシチョフの執政前期，ソ連共産党が政治体制に対しておこなった一連の調整と改革のなかで最も効果があった３つの措置として，① 国家保安機関と保安制度の改組，② 冤罪事件の清算と名誉回復，③ スターリンの個人崇拝批判をあげる．邢によれば，これらの措置は主に次のような積極的な役割を果たしたという．第一に，ソ連の政治状況が陥っていた機能不全の状態をひとまず打破することに成功した．ベリヤ（1899-1953年／1938年に内務人民委員会（内相）となり保安機関を支配した．1941年に人民委員会議副議長（副首相）となり，戦中戦後の原爆開発も担当．1946年党政治局員）[1]の排除と国家保安機関の再編は，ソ連で続いていた粛清の波を効果的に食い止めるとともに，スターリンの死後，国内で突発的な政治事件が起こる可能性を防ぎ，ソ連社会に安定した政治状況が生まれるための条件を整えた．第二に，不当な事件を積極的に解決し無実の罪を晴らしたことは，社会にとって非常によい効果をもたらした．第三に，ベリヤの排除，国家保安機関と治安システムの再編，過去の冤罪についての名誉回復は，個人崇拝への反対を大々的に展開するのに必要な土台となった．スターリンの個人崇拝を批判する運動はソ連に社会変革をもたらし，ソ連の改革事業をさらに発展させることに貢献した．また，個人崇拝反対運動は，思想解放運動でも

あり，社会主義運動の多様な方向への発展を促した．この「混乱をしずめて正常に戻す」という言葉は，多くは中国が1970年代後半以降の脱文革を進める一連の過程を指す際に用いられており，邢がフルシチョフによる政治体制改革と中国の脱文革を重ね合わせていることがみて取れる．

　続く第2節「フルシチョフの政治体制改革の基本的構想及びその評価」では，① 法制強化，② 幹部制度改革，③ 政治の民主化推進，④ 党組織構造の再編を政治体制改革の基本的構想としてあげ，それぞれ評価すべき点と改革の限界について論じている．

　法制強化については，フルシチョフ政権期におこなわれたソ連の司法制度強化，検察機関の職権回復，裁判機関の機能強化，弁護士制度の再建，時代遅れとなっていた諸法令の改正，『刑事立法綱要』および『裁判所組織立法綱要』といった一連の新たな立法綱要の発布を例にあげ，フルシチョフの法制強化という改革構想は正確であったと評価する．その一方で，フルシチョフはソ連を法制国家にすることはなかったとし，人治の状態は決して改善されず，法制の破壊がたびたびあっただけでなく，実際に党組織が司法に介入することも多く，法のもつ公平性や正義の役割は低下していったと指摘する．

　幹部制度改革については，フルシチョフは幹部政策を十分に重視し，改革は主に若年化・専門化・知識化と幹部の任期制という2つの方面に体現されていたとする．その一方で，改革の限界として次のようにソ連共産党第22回党大会で採択された党綱領の規定をあげている．党綱領では，末端組織から中央委員会に至るまで，各レベルの党の選出機関のメンバーを，指導の一貫性を確保しながらも人数に応じて頻繁に交代させる方法を採用することが規定され，これは事実上幹部の終身制を廃止し，幹部の任期制を導入するものであった．しかし，「公に認められた名声を享受し，政治においても組織においても優れ，その他の面でも高い資質を有する特定の党活動家は，より長い期間にわたって連続して指導的機関に選出され得る．このような場合，当選するためには，当該候補者を支持する票の少なくとも4分の3が秘密（無記名）で投票されていなければならない」．この規定は，フルシチョフによる支配を継続させ，さらには党の最高指導者の再選・終身をある程度実現させるのに「融通無碍」な道を

整えることとなった．このことは，フルシチョフの改革が徹底していなかった
ことを反映している (11頁)[3]．

　政治の民主化推進については，次の点を評価している．フルシチョフは，党
内民主制とソヴィエト民主制の建設を強化し監督制度を強化することで，ソ連
政治の民主化にとって重要な分野を前進させていった．党内民主制の分野では，
声高に党の「集団指導」の原則を打ち出した．フルシチョフの執政期，ソヴィ
エトや労働組合をはじめとする各組織の地位は大きく向上し，また，国民の民
主的権利を拡大し，大衆の政治参加の意識を高めることに努めた結果，改革に
関する重要で大きな問題の多くが国民の討議に付されるようになった．これに
は形式的な部分もあったものの，少なくともソ連政治の透明性が高まったこと
の１つの証明ではあったと評価する．その一方で，改革の限界としては次の点
をあげる．1957年以前は，フルシチョフは党の集団指導の原則をまだ比較的意
識していた．しかし，反党集団を排除した後，フルシチョフは次第にこの原則
を脇に置き，フルシチョフ個人による権力掌握が徐々に拡大していった．ソヴィ
エトの民主制という点では，フルシチョフの時期にソヴィエトや労働組合と
いった組織の役割が強化されてはいたが，ソヴィエトはいまだ「ラバー・スタ
ンプ〔肩書だけが立派で実権を持たない存在〕」のようなものであった．多くの重大
な問題はいずれも党の決定に委ねられ，〔党と政府に対する〕監督については，た
しかにそれらが受け持つ役割は拡充されたものの，依然として党や政府の決議
事項の実施に対する監督にとどまり，抑制と均衡を実現するための監督機能は
構築されていなかった (12頁)．

　党組織構造の再編については，上記３点とは異なり，完全に誤ったもので，
ソ連の政治経済の混沌とした状態をさらに悪化させたとして否定的な評価を下
している．それは次の４点に現れているという．第一に，党の二元的な指導体
制が，ソ連の工業と農業の間にあった有機的なつながりを人為的に断ち切り，
工業と農業の発展に重大な障害と矛盾をもたらした．第二に，党の二元的な指
導体制が，ソ連の工業と農業のつながりのなかに，誰も責任を取らないような
盲点を数多く生み出した．第三に，政党と政府の不分離の状態が深刻化した．
第四に，行政組織が肥大化した．再編成の結果，同一の州あるいは辺境地域に

役割が重複する行政組織が同居するようになった.

　ここまで, フルシチョフの政治体制改革で効果を上げた3つの措置, 改革の基本的構想と各評価についてみてきたが, 邢はフルシチョフの政治体制改革を総合的にはどのように評価しているのだろうか. 第3節「フルシチョフの政治体制改革が持つ二面性──改革の意義と限界, フルシチョフの政治体制改革全体に対する評価」をみていこう.

　邢はフルシチョフの政治体制改革の歴史的意義として次の3点をあげる. 1つ目は, ソ連政治の民主化の歴史的プロセスを切り開いた点である. フルシチョフの最大の功績はスターリンの個人崇拝を打破し, 人びとの思想を解放し, ソヴィエト社会が本来もっていた上昇志向を取り戻したことであるとし, フルシチョフはソ連だけでなく国際共産主義運動全体に対して, 多大かつ積極的な歴史的影響を及ぼしたと評価する. そして, ソ連共産党第20回党大会は, ソ連の歴史のなかで重要な節目であり, この時からソ連は正しい道筋を歩み始めたと述べる. 2つ目は, 伝統的政治体制をある程度揺さぶったことである. 3つ目は, フルシチョフが理論の面から, スターリンの「階級闘争激化」理論を徹底的に否定した点である. これにより, 法制を全面的に破壊する行為を生み出し続けていた理論的支柱が完全に取り除かれたと述べる. また,「階級闘争激化」理論[4]の否定という観点からみれば, フルシチョフがこれと同時に提起した「全人民国家」[5]理論はある程度現実味のある積極的役割を有していた, とする.

　それでは, 邢は, フルシチョフによる政治体制改革の限界はどこにあったとみているのだろうか. 邢は改革の限界として3つのことをあげている.

　第一に, フルシチョフが伝統的政治体制に対して全面的な改革をおこなわなかったことにあるとする. 伝統的政治体制の特徴とフルシチョフの改革については次のように述べる.

　　伝統的政治体制の主な特徴は, 高度な集権を2つの方向から実現している点にある. それはすなわち, 縦からみれば, 権力が中央に集中し, その権力は少数ひいては一人の手に握られており, 地方の権力は小さくなっている. 横からみれば, 党の体制が国家権力機関と政府の体制に代わって権力を行使しており,

中央と地方の権力がいずれも党の体制に集中するシステムになっている．「党が
すべてを代行する〔「以党代政」〕」現象は非常に深刻であった．この種の体制は，
権力に対する均衡と抑制の機能に欠けており，監督のメカニズムは往々にして
機能しておらず，幹部制度も不健全である．そして選挙制が任命制に変わり，
政治に「無責任」の事態が出現することで，民主的な要素が阻害される．フル
シチョフは何度も機構改革をおこなったが，2つの方向から強力に集権化され
た政治体制は依然として変わらなかった．総合的にみれば，フルシチョフは従
来の政治体制を根本的に改革しようとしたというよりも，スターリン時代末期
のソ連の政治体制に現れた諸々の欠陥に対応するべく，差し当っての改革のた
めの措置を講じたというべきである（15頁）．

　第二に，フルシチョフの政治体制改革は明らかな矛盾と限界を有していたと
する．それは，多くの冤罪事件が名誉回復されずに残ったこと，フルシチョフ
によって党の集団指導の原則が破壊されたこと，幹部の任期制における例外が
終身制につながったこと，フルシチョフがスターリンの個人崇拝を批判しなが
らも，のちに自らに対する崇拝を植えつけたこと，フルシチョフがおこなった
党の組織構造の再編が「党がすべてを代行する」現象をさらに深刻化させたこ
とである．

　そして第三に，フルシチョフの政治体制改革方面に現れた矛盾と限界は決し
て偶然に生まれたものではなく，次のような4つの制約を受けていたことがそ
の原因となったとする．1つ目は，フルシチョフが社会主義の基本システムと
社会主義の具体的な政治体制を理論的に区別できていなかったため，改革のス
ケールを小さく留めてしまった，という点である．2つ目は，当時の認識レベ
ルに限界があり，それゆえにフルシチョフの伝統的政治体制に対する理解も深
刻に不足しており，表面の現象だけをみていたために改革が抜本的なものにな
らなかった，という点である．3つ目は，ソ連の伝統的政治文化がフルシチョ
フの改革にとって大きな制約となった，という点である．4つ目は，フルシチョ
フ個人の主観的な意思と改革の手腕が改革に限界をもたらした，という点であ
る．邢は，政治家としてのフルシチョフは熱しやすく，有事には冷静さを失い，

改革において盲目的に行動し，軽率に決定を下した．このために，改革の施策は安定性を欠くことになったと指摘する．

　ここまでの邢の議論では，フルシチョフの改革について，評価すべき点とその限界の両面から論じているが，興味深いのは最後の結びの部分である．

　　総合的にみて，フルシチョフの政治体制改革は積極的な役割がその主たる部分を占めており，彼がスターリンの残した強力な集権体制を変えられなかったからといってその歴史的役割を抹消することはできない．フルシチョフが模索した改革への道のりには歴史的価値があるのだ．当然ながら，フルシチョフの改革は大きな矛盾と限界を有していたが，彼にとって当時の歴史的な制約は克服しようのないものであった．また彼自身，大いなる矛盾を抱えた改革の探究者でもあった．彼の思想・行動・性格はいずれも深刻な矛盾に満ちており，このことがフルシチョフ政権期に特有の整合性のなさを生み出した．あるいは，フルシチョフとその政権期が人びとを惹きつける理由はここにあるのかもしれない（16頁）．

　当時の中国国内の状況では，フルシチョフの改革を部分的に肯定することはできても，全面的に評価することやその重要性を指摘することは難しかった．このことを踏まえると，論文全体ではフルシチョフを正負両面から論じているものの，邢のフルシチョフに対する率直な評価は，実はこの短い結びにこそ示されているととらえることはできないだろうか．その際に，邢論文に繰り返し登場する「党がすべてを代行する」というフレーズに注目する必要がある．毛里和子の整理を借りれば，中国は人民共和国成立からの約50年間，① 党政分業，② 党政不分（「以党代政」ともいう），③ 党政分離，という３つのモデルの間を行き来してきた（毛里和子 2012）．1987年の中国共産党第13回党大会で提起された政治体制改革は党政分離を狙ったものであったが，政府内部に設置された党グループ〔「党組」〕の原則廃止をはじめとして，改革が定めた具体的措置の多くは天安門事件を契機に放棄された．とはいえ，人大機能改革は天安門事件を経てもなお引き続き積極的に推進されており，また，省レベルにおける政法委員会の改組についても，天安門事件の前後で連続性が存在するなど，党グループ

改革は事実として一様でなかったことには注意が必要である．当時，中国共産党にとっての政治体制改革の目的は，中国共産党が党グループや対口部を通じて直接に行政機関を指導する仕組みから，法律や制度に基づいて政策決定や政策運用に携わるシステムへと，指導方式を転換することにあった（加茂具樹2006；内藤寛子2017）．

邢論文は，こうした中国国内の状況に鑑み，フルシチョフを取り上げることで，天安門事件を機に停滞していた改革を再び推進する必要性を訴えるものであり，邢が改革の限界と矛盾としてあげる事象は中国でも再現を防ぐべき問題，あるいはさらなる改革をおこなうべき課題であると暗に指摘していると読み取ることが可能かもしれない．

注
1） 松戸清裕『歴史のなかのソ連』（山川出版社，2005年）26頁．
2） 『ソ連共産党第22回党大会主要文書〔「蘇聯共産党第二十二次代表大会主要文件」〕』（人民出版社，1961年）277頁．
3） 1961年のソ連共産党第22回大会で採択された綱領と規約については，本書「Column 5」を併せて参照されたい．
4） 社会主義建設が前進すればするほど，資本家からの必死の反撃が強まり，したがって階級闘争は弱まるどころか激化するという理論（塩川伸明「上からの革命」田中陽兒・倉持俊一・和田春樹編『世界歴史大系 ロシア史3 20世紀』山川出版社，1997年，150頁）．
5） 竹森正孝「全人民国家論」川端香男里ほか監修『〔新版〕ロシアを知る事典』（平凡社，2004年）．

（河合 玲佳）

10

旧東欧諸国の変動およびペレストロイカに対する
評価と改革の論理

　1989年の旧東欧諸国における急変動は，独自の内的論理を有する一方で，ソ連のペレストロイカの影響，とりわけブレジネフ・ドクトリンの解除によっても引き起こされた．旧東欧諸国の社会主義体制は，ユーゴスラヴィアを除けば，もともと外発的なものであったため，いったん変動が生じた後は，一気に全面的な脱社会主義化へと突き進んだ．そして今度は，旧東欧諸国での脱社会主義化という波がソ連に跳ね返っていくことになった．[1]

　それでは，このような帰結を迎えることになった旧東欧諸国における変動，さらにソ連のペレストロイカを，中国はどのように位置づけ評価し，何を学んだのか．こうした問題を考えるために本論が取り上げるのは，孫祖蔭「ポーランドの政治体制改革およびその理論的基盤〔「波蘭政治体制改革及其理論基礎」〕」（『ソ連東欧問題』1987年第6期，1987年12月）と喬木森「ソ連における経済体制改革と政治体制改革の新たな進展〔「蘇聯経済和政治体制改革的新進展」〕」（『ソ連東欧問題』1988年第6期，1988年12月）である．

　上述のように，1989年の旧東欧諸国における急変動は，それぞれの独自の内的論理を有していたが，旧東欧諸国のなかで早い時期から改革の動きがあったのがポーランドだった．広く知られるように，ポーランドで改革の起点になったのは，1980年の独立自主管理労働組合（以下，連帯）という自律的な労働組合の結成である．1980年のポーランドでは，工業が第二次世界大戦後初めてゼロ成長となり，累積対外債務が250億ドルに達した．そのため，ポーランド統一労働者党（以下，統一労働者党）政権は，1980年に消費財価格の値上げに踏み切った．だが，バルト海沿岸のグダンスクにある造船所を中心に，レフ・ヴァウェンサ（1943年- ）を議長とする事業所間ストライキ委員会が結成され，値上げに対する抗議運動が広がっていった．[2]

　「ポーランドの政治体制改革およびその理論的基盤」の著者である孫祖蔭
(1932年-) は, 中国社会科学院のロシア東欧中央アジア研究所のホームページ
によれば, 同研究所の前身組織で長期にわたって研究に従事し (1992年退職),
その専門は東欧問題, とくにポーランド問題であったことがわかる.

　孫論文は, 上記の1980年のストライキが国家にとっての危機であり, 統一労
働者党も政治体制と経済体制を全面的に改革する必要性や切迫感を認識し, 改
革こそがこの危機を脱する唯一の道だと自覚した, という書き出しで始まる.
さらに続けて, 統一労働者党が, 幾度かの経済改革の失敗という経験やその教
訓に基づき, 政治体制改革をおこなわなければ, 経済体制改革は予期した結果
を得ることはできないと認識した, という見解を示している. その根拠として
あげられるのは, 1981年にポーランド国会が批准した「経済改革についての方
針」である. 同文書では, まず制度上および組織上の改革を実施しなければな
らず, その後初めて経済体制改革を一歩ずつ実施することができると強調され
た.

　さらに, 孫論文は, 1982年1月1日以降のポーランドにおける政治体制改革
のポイントを統一労働者党の指導の改善も含めて総括した. この論文によれば,
5年余りにわたるポーランドの改革の実践が証明したことは, その改革がすで
に一定の成功を収めたということであり, 目下のポーランドに政局の安定をも
たらした. このようなポーランドに対する高い評価からすれば, 孫祖蔭が1982
年から始まったポーランドの政治体制改革を肯定的に受けとめていたことは,
ほぼ間違いない.

　では, 孫祖蔭はポーランドの政治体制改革の何に注目したのか.

　孫祖蔭は, まず政治体制改革の理論に注目した. 具体的には, ① 社会主義
が発展する過程の多様性の問題, ② 社会主義の発展段階論, ③ 社会主義民主
と自治の理論, ④ 改革の時機, という4点である. なかでも孫が具体的に分
析したのが, ①と②だった. 孫は, 1980年のストライキ後, ポーランドの指導
者や思想界が社会主義を建設する際に民族的な特徴を強調していると指摘し,
その一例として, 1981年に統一労働者党の第一書記に就任したヴォイチェフ・
ヤルゼルスキ (1923-2014年) の演説をたびたび肯定的に引用した. また, 社会

主義の発展段階論については，その解釈が1980年のストライキ後にポーランドでどのように変化したのかに注目した．すなわち，ストライキ後の統一労働者党政権は，1975年の第7回党大会で提起された「ポーランドはすでに発達した社会主義社会を建設する段階に入った」という見解を批判して，それを否定するかのように，1986年の第10回党大会で通過した党綱領においては，「私たちの国家は資本主義から社会主義へ移行する最終段階にまさにさしかかっている」と方向転換したことを肯定的に紹介した（73頁）．

　孫祖蔭が次に注目したのが，政治体制改革にかかわる主要な政治的措置だった．ここで真っ先に言及されたのは，（統一労働者）党の建設が強化され，党の指導が改善されたことだった．孫は，次のように肯定的な評価を下している．

　　ポーランド統一労働者党は，1980年の事件〔ポーランド危機〕の後，それまで党の指導的役割を誤認してきたために，党が一切を独占して党が政府を代行してきたこと，そして，少数の最高幹部，とりわけ党中央の第一書記が独断専行してきたことを自己批判した．また，過去の誤りを正して，党の指導を改善し，それを完全なものにする，と強調した．ポーランド統一労働者党の第10回党大会で通過した党綱領では，党は主に次の3つの役割を発揮するとされた．すなわち，国家を運営する際に指導的役割を発揮すること，社会生活を牽引する際にその役割を発揮すること，労働者階級と勤労大衆に対して奉仕する際にその役割を発揮することである（73頁）．

　この他にも，孫祖蔭は，党政分離の原則が貫徹されていること，議会の立法権と監督機能が回復したこと，社会主義民主制度が改善したこと，幹部制度が改善したことを好意的に受けとめた．

　以上のようなポーランドの政治体制改革に対する分析を通じて，孫祖蔭は，「ポーランドの政治体制改革は，1980年以降，その他の東欧国家と比較しても，相当に進んでいる」と高く評価した．それでは，このような孫のポーランドに対する肯定的な評価は，中国の政治体制改革に対して，どのようなメッセージを発信するものだったのだろうか．

　毛里和子や国分良成の研究によれば，1980年代の中国には3つの政治改革の

波があった（毛里和子 2012：73-78頁；国分良成 1992：138-147頁）．第一の波は，文化大革命終結後の1979年冬から1980年にかけてである．第二の波は，都市の経済体制改革が本格化した1986年に出現したものである．この年の6月頃から，鄧小平(1904-1997年)は政治体制改革を盛んに議論するようになった——ただし，鄧が説いた政治体制改革は，党の指導を大前提とするものであり，あくまでも経済体制改革を前進させるための行政改革の範囲にとどまる党政分離だった[3]——．第三の波は，1987年10月から開催された中国共産党第13回党大会における議論である．この大会では，新たに総書記に就任した趙紫陽（1919-2005年）が政治体制改革に対する構想を体系的に示した．そこでは，党と政権（立法，行政，司法および経済を含む）の職能を分離することや，党を様々な場面での調整者とすること，行政の効率化をめざして国家公務員制度を創設することが謳われた[4]．

　以上のような中国の政治動向を念頭に置けば，この第二・第三の波のなかで公表された孫論文は，ポーランドの政治体制改革の実績を中国のそれに活かそうとする狙いがあったと考えられる[5]．

　もっとも，孫論文は，意図的か否かは不明だが，ポーランドの重要な政治動向をすべて紹介しているわけではなかった．たとえば，統一労働者党政権とヴァウェンサらとの間で結ばれたグダンスク協定は，指導的立場にある政党から労働組合が独立することを社会主義圏で初めて容認するものだった．この事実は，中国共産党にとっては不都合であるため，孫論文ではまったく言及されていない．

　それでは続いて，喬木森「ソ連における経済体制改革と政治体制改革の新たな進展」を取り上げよう．喬木森（1941-2004年）は，1964年に鄭州大学を卒業すると中国共産党中央対外連絡部のソ連東欧研究所で研究に従事し，1980年に同研究所が中国社会科学院に改組され後も，研究を継続した．喬の専門は，ソ連およびロシアの経済，とりわけ農業経済だった．

　喬木森は，論文の冒頭で，1988年6月から開催されたソ連共産党第19回党協議会が民主的な雰囲気のなかで政治改革や経済改革の問題について広範囲にわたって掘り下げて議論を展開し，多くの重要な決定を下したため，経済体制や

政治体制の改革について少なからぬ進展がみられた，と評価した．

　喬木森がまず分析したのは，経済体制改革についてである．喬は，ソ連共産党第19回党協議会において同党書記長のゴルバチョフ（1931-2022年）が，自身の進める改革を批判的に総括して，その当時に発生していた矛盾と問題点を明るみにした，と述べた．そして，そのような透明性のある姿勢を取るゴルバチョフが，「国家発注制度[6]」を確立して，企業制度を改革し，さらには，農業改革を深化させることで食糧問題の解決をめざす経済体制改革を断行しようとしていると指摘した．ここで注目すべきは，喬木森がソ連の経済体制改革を政治体制改革と結びつけて，以下のように整理したことである．

　　　ソ連の指導者は，〔1985年からの〕3年間の改革を総括したことで，次のように認識した．改革は多くの複雑な問題に直面しているが，カギとなる問題は政治体制の抜本的な改革である．もし政治体制を改革しなければ，経済体制の改革を深化させることは困難である．その原因は，① 1930年代に政治体制で生じた重大な変化が行政命令という管理方法を生み出したこと，② 現行の政治体制が経済管理の職権を党や政府の指導者およびそれらの管理機関にますます集中させたため，彼らだけが命令を出せ，多くの人民が参加して管理することができなくなったこと，③ 社会の生活が過度に国家化したため，人びとや社会組織や〔社会〕集団が積極性を発揮し難くなったこと，④ 現行の政治体制が，法定組織や社会生活や経済生活に依拠するのではなく，主に各種の強制的な命令や指示に依拠していること，にある．そのためゴルバチョフは，「もし政治体制が変わらなければ，私たちは改革の任務を達成することはできない」と強調したのだった（42頁）．

　今日のソ連史研究の成果と突き合わせると，喬木森の分析が正鵠を射ていることがわかるだろう．なぜなら，ソ連共産党第19回党協議会はペレストロイカの転換点であり，これを機に改革の重点が経済体制から政治体制へと変わっていったからである[7]．

　喬木森は，ペレストロイカによる政治体制改革の具体的な施策として，以下の6点を指摘している．

① ソヴィエトの全権的な地位の確立

② 新たに中央と地方の権限を分け，地方が積極性を発揮できるように保障すること

③ 法治国家の建設

④ 社会団体の地位向上と権限拡大

⑤ 人びとの各種権利を尊重し，その社会的積極性を高めること

⑥ 党内民主の強化と党政分離の実施

喬がとくに紙幅を割いて分析したのは①と⑥であるが，そのなかでも，①の分析に重要な視点が数多く盛り込まれていると考えられる．

　喬木森が①に関して指摘したポイントは，次の5点だった．第一のポイントは，国家の最高権力機関が改組され，各社会組織が直接推薦した代表が新たに増えたこと，第二のポイントは，ソヴィエト議長の職務が新設され，推薦された各級党委員会の第一書記が各級ソヴィエトの議長に就き，ソヴィエト代表機構の権威と権限が強化されたこと，第三のポイントはソ連最高ソヴィエト（最高会議）の各常設委員会の権力が拡大したこと，第四のポイントは，憲法監督委員会が成立し，最高権力機構の監督が強化されたこと，第五のポイントはソヴィエト代表の人選と任期に制限がかけられたこと，である．喬自身は，これらのソ連の改革について，総じて好意的な観方を示している．

　喬木森は，ゴルバチョフの政治体制改革について，以上のように総括した．たしかに，喬は，ソ連の党内民主と党政分離については悲観的な見通しを示し，とりわけ「党政分離については，ただ原則を述べているだけで，然るべき具体的な措置が不足している．そのため，実行するのは困難だろう」と手厳しい評価を下していた（44頁）．しかし喬は，ゴルバチョフの政治体制改革に対する全般的な評価として，党の権力の過度な集中とは対極にあると中国の知識人がみなしていたレーニン主義へと回帰しつつあるのであり，ソ連は望ましい方向に向かっている，という認識をもっていた．そのようなソ連観を抱いていた彼が，結論部分で，「目下の各社会主義国家は，いずれも絶えず経験を総括しながら，改革を深化させている．ソ連は，とくに東欧各国と中国の改革の経験を参考に

して教訓を得ている」と指摘したのは印象的である（45頁）．ソ連のペレストロイカは中国の改革も参考にしていると指摘することで，政治的民主化を導きかねないと中国で警戒されることもあったゴルバチョフの政治体制改革に対する観方を和らげようとする狙いがあったのかもしれない.[8]

注

1）　塩川伸明『国家の解体——ペレストロイカとソ連の最期』第1分冊（東京大学出版会，2021年）84-85頁.

2）　小森田秋夫「ポーランドの民主化——プロセス・制度化・課題」（羽場久美子・溝端佐登史編『ロシア・拡大EU』ミネルヴァ書房，2011年）.

3）　第二の波は，鄧小平の思惑を超えて，民主化や自由化を主張する動きへと拡大していき，1987年1月には胡耀邦（1915-1989年）の中国共産党総書記辞任という結末を引き起こした．こうして第二の波は潰えた.

4）　趙紫陽は同時に「社会主義初級段階」論を提出した.

5）　1980年のポーランド危機に対する中国の反応については，八塚正晃（2012），蒋華杰（2021）を参照.

6）「国家発注制度」とは，1988年1月の国有企業法施行と同時に始まった制度である．この制度は，「従来の国から企業への指令を国家発注に代えることで，国家と企業の関係も市場的な契約関係に転じさせ，国家発注を次第に減らすことで，企業間の取引を拡大させていき，企業の自主性が発揮されるようになること」をめざしたものだった．しかし，「法の規定に不備があったため，国家発注が恣意的になされた例のあったことに加えて，生産物の引き受けが保障される国家発注を企業の側が望んだこともあって，国家発注は減らず，市場的な関係の拡大を妨げ」てしまった（松戸清裕『ソ連史』筑摩書房，2011年，216頁）．喬木森は，ソ連が国家発注を歪曲してきた歴史を是正しようとしているとして，ソ連の経済体制改革を好意的に評価した.

7）　前掲『国家の解体——ペレストロイカとソ連の最期』第1分冊，54頁.

8）　この点については，塩川伸明の問題提起に示唆を受けている．唐亮編『ユーラシア地域大国の政治比較——共同作業の課題と分析の方法』（北海道大学スラブ研究センター，2010年）12頁.

（吉見　崇）

11
天安門事件直後のグラスノスチをめぐる評価

　改革派の指導者であった胡耀邦前総書記（1915-1989年）が1989年4月に死去すると，深刻なインフレと実質賃金の減少による不満が人びとの間で高まっていたことを背景としつつ，言論の自由や報道の自由の主張を含む大規模な民主化運動が学生らによって北京の天安門広場で展開されることになった．ペレストロイカの旗手であったソ連共産党書記長ゴルバチョフ（1931-2022年）による同年5月の訪中もこの運動を勢いづけたが，最終的に6月4日，人民解放軍が武力をもってこれを弾圧した．多数の死傷者を出したこの第二次天安門事件（以下，天安門事件）のあと，学生活動家やそれを支持した知識人たちの多くは，逮捕・投獄されるか，国外への亡命を余儀なくされ，言論統制も大幅に強化された．ゴルバチョフの改革政策における主要な原則の1つは，日本語では「情報公開」と訳されることもあるグラスノスチ（гласность；glasnost）であったが，天安門事件後のこうした状況下の中国においてこの原則はいかに評価されたのであろうか．

　グラスノスチは中国語では「公開性」と訳されており（本論でも以下では便宜上「公開性」で表記を統一する），『ソ連東欧問題』の誌面においても早い段階から肯定的な言及があったものの，断片的な記述にとどまっていた．たとえば，金揮「ソ連の政治体制およびその改革の動向〔蘇聯的政治体制及其改革的動向〕」『ソ連東欧問題』1987年第2期，王器「ソ連の社会民主化の曲折した長い道のり〔蘇聯社会民主化曲折而漫長的歴程〕」『ソ連東欧問題』1987年第6期などである．これら天安門事件以前の論文と比べ，本論で取り上げる王立行「ゴルバチョフの公開性およびその利益と弊害〔戈爾巴喬夫的公開性及其利弊〕」（『ソ連東欧問題』1989年第5期）は，ソ連の「公開性」について最も全面的に論じた論文であるとともに，1989年10月という刊行時期からして，執筆してから検閲を経て公表さ

れるまでのすべての過程において天安門事件後の状況が踏まえられているであろうという点において注目に値する．

　ただ，このように中国の状況が大きく変わったにもかかわらず，結論から言えば，王立行の論文においてもなおソ連の公開性の原則に対する評価は全体的にかなり肯定的である．「利益と弊害」というタイトルにはなっているが，党や国家にとって不都合な情報も含めた公開や批判的な言論の容認を含め，「利益」についての記述が大半を占め，また「弊害」とされているのも情報公開の不十分さなどで，基本的にはさらに公開を進めていくべきだとする方向性で書かれている．もちろんこれらは西側の民主主義の導入を求めるものではなく，あくまでレーニンの原則に立ち返り社会主義を補強するものとしてとらえられている．

　論文の著者である王立行（1956年- ）は，政治法学研究を専門とする当時30代前半の若手研究者であり，山東大学を卒業してから山東社会科学院に所属していた．彼は，近年にいたるまで山東社会科学院に勤め続け，鄧小平理論研究中心副主任などのポストを歴任したとみられる．1980年代に書かれた論文には，「レーニンのプロレタリア民主思想〔「列寧的無産階級民主思想」〕」（『科社研究』1984第5期），「レーニンの社会主義執政党による国家管理に関する思想〔「列寧関於社会主義執政党管理国家的思想」〕」（『文史哲』1987年第4期），また主著に『人権論』（山東人民出版社，2003年）がある．彼は，これら一連の研究のなかで，たとえば「レーニンのプロレタリア民主思想」では，西側のブルジョア民主よりもプロレタリア民主の方が優れており，プロレタリア民主の実現のためにはプロレタリア独裁が必要であると主張している．つまり，ここからもわかるように，彼はマルクス・レーニン主義の路線に忠実な研究者であった．周辺情報は多くないため詳細は不明であり，まして内心まではわからないものの，少なくとも天安門事件の引き金となった民主化運動を積極的に支持して亡命を選択したような知識人たちとは大きく立場を異にしていた．そのような立ち位置を踏まえたうえで，なおソ連の公開性の原則を積極的に評価していることの意味に着目するべきだろう．

　以下，論文の構成に沿って内容を詳しく見ることにしたい．まず，冒頭の導

入部分においては，公開性の思想がレーニン（1870-1924年）に由来するもので
あることが強調されている．レーニンの「なにをなすべきか？」（1901年）にお
いては，「広範な民主主義的原則」の２つの条件として，完全な公開性と選挙
制があげられている．ソ連の1977年の憲法においても，社会主義民主をさらに
発展させることが基本的な方針であると明示的に規定された．このようにレー
ニン以来ソ連で受け継がれてきた公開性の原則をもとにして，さらに全面的に
展開したのがゴルバチョフであると王立行は論じている．

　これに続くのが，「ゴルバチョフの公開性思想の内容と意義」という見出し
を掲げた節であり，その冒頭部分は公開性の原則についての王立行の理解がコン
ンパクトにまとまっているので，まずは引用する．

　　ゴルバチョフは，公開性が社会主義における基本的な民主原則の１つである
　と考えている．この原則に基づき，国家と社会に起きたあらゆることは必ず人
　民に対して最大限に公開して，人民の監督のもとに置かねばならない．公開性
　は以下のことを求める――党，国家権力機関，国家管理機関，社会団体などの
　全国または地方の決議およびその執行状況をより多く住民に知らせて，彼らの
　仕事と活動を次第に公開化していくこと．政治や経済，文化，外交，科学技術
　などの社会生活の各領域に関わる党と国家の意思決定過程にすべての民衆が次
　第に公然と参与して，国家と社会の管理と監督に参与できるようにすること．
　たった今ある重大な問題や矛盾，困難を含め，実事求是〔事実をもとに真実を求
　める〕のやり方で国家と社会の実際の状況を公開すること．党と国家の重大な失
　敗や欠点，弊害を含めて，党と国家の歴史をより多く公開することによって，
　人びとが国家の過去をよりはっきりとわかり，国家の現在と未来をより真剣に
　認識できるようにすること――．ソ連の政治体制改革は，社会生活のあらゆる
　領域においてより多くの公開性を求めるものである．これはソ連の政治体制に
　とって原則的な意義があると同時に，ソ連の社会主義生活方式のとても重要な
　特徴でもある．さらに公開性を拡大することは，党と国家機関が正常な機能を
　果たせる確実な手続きであり，国家建設の各部門の仕事を改善するための強力
　な梃子でもある．さらに公開性を拡大することは，党と国家の方針・政策にお

いて失敗を減らし，間違いを犯さず，欠点を改めることを保証するよい方法で
あり，全く例外なくあらゆる国家機関，管理機関および労働集団と社会団体が
全人民による監督を実行する有効な方法でもある（39頁）．

　1988年のソ連共産党第19回党協議会において公開性がソ連の重要な政治任務
の１つであることが確認されたこと，党が公開性を主体的に発展させる手本と
なるべきこと，また国際政治においても公開性を実現することが続けて記され
ており，このような多方面での公開性が民主的かつ人道的な社会主義の基礎と
なるとしている．また，公開性の確立のための法律的な保証として，「公民」（以
下「　」略）が情報を獲得する権利や，国家公務員と公民が公開性の各原則を
実現するうえで享受する権利と担う義務についての規定などがなされたことに
触れたうえで，公開性の拡大には一定の限度があることにも言及している．す
なわち，公共秩序や住民の安全，健康，道徳への損害となりうるような情報や
国家機密・軍事機密の拡散，情報の隠蔽や悪用については相応の責任を負うこ
とになる．また，戦争や暴力の鼓吹，人種主義，民族的偏見，宗教的偏見，ポ
ルノなど，公開性を悪用した国家と社会の利益や個人の権利の損害もあっては
ならないとしている．

　そのうえで，次の「公開性を拡大する主要な措置」という見出しを掲げた節
では，６点に分けて具体的な政策内容を列挙している．第一に，「ソ連共産党
中央の指揮のもと，党と国家が抱える多くの重大な問題，困難，弊害を全党と
全国人民が明るみに出し，国家の指導活動における欠点や失敗を隠さずに認め，
党と国家の歴史，現状，およびその国際舞台における地位と作用を改めて認識
する」（41頁）．ソ連共産党は過ちを犯さないというのは「神話」に過ぎず，党
内のあらゆる組織が監督と批判にさらされるべきとされたことを記している．
第二に，「党と国家機関およびその指導者の仕事と活動について速やかに全国
に伝達する」（同）．『ソ連共産党中央委員会通報』の創刊や新聞局の設置がこ
れに含まれる．第三に，「党と国家の政策決定と管理の過程への公民の直接参
加を次第に開放して拡大する」（同）．法律の草案などの重要な問題に公民が参
加する権利を定めた1987年６月の「国家活動の重要な諸問題の全人民討議につ

いて」の法律の制定，1988年11月の憲法改正にあたっての意見の公募，1988年
12月の人民代議員大会の選挙にあたっての候補者の推薦の受付などの事例があ
げられている．第四に，「国家と社会の実際の状況を公表して，過去または現
在に起きている国内外の重大事件について人民が全面的に理解できるようにす
る」(42頁)．チョルノービリ原発事故（1986年）やソ連が進めている軍縮，ナゴ
ルノ・カラバフ自治州の帰属問題などを隠さず報道したことが事例としてあげ
られている．第五に，「マスメディア〔「輿論工具」〕を通して群衆の意見と要求
を広範に反映させる」(同)．批判的な言論の発表が制約されることがあっては
ならないと定められ，新聞・ラジオ・テレビなどにおいても討論が非常に活発
になったと論じている．第六に，「輿論の多元化と利益の多元化を提起して発
展させる」(同)．メディアにおいては政策について批判を含む様ざまな議論が
交わされ，かつて禁止されていた文学作品や映画などもみられるようになった
と記している．
　最後に，「公開性の社会的効果」という見出しの下で，これらの政策がもた
らしたメリットとデメリットをまとめている．まず，メリットは次の引用のと
おりである．

　　ソ連の改革のこの4年来の社会発展からわかるように，党と国家の機関，社
　会組織，マスメディアの活動において公開性の方針を推し進め，公開化の流れ
　を作り出し，政治の開放性と真実性を確立して，実事求是の批判と自己批判を
　展開することにより，党とすべての人民が自らの過去・現在・未来をよりよく
　理解できるようになり，国家の精神生活がより多様でより豊かで多彩でより意
　義のあるものへと変わった．公開性の原則の確立により，人びとは自身の責任
　を感じるようになり，無関心や相互に疎遠な態度を打ち捨て，強い愛国主義の
　力を突き動かしている．ソ連共産党第19回党協議会の「公開性に関する決議」
　が指摘するように，社会生活において公開性を貫徹することにより，真剣かつ
　客観的に公衆の参与の下で国内の情勢を評価して，社会経済の発展を加速させ
　る原則的な決議を集団で制定して，労働者がソ連共産党の改革方針に対して積
　極的な関心と支持をすることを保証できるようになった（43頁）．

　続いて，限界ないし問題点として 4 点があげられている．第一に，いまだに公開されていない情報も多く，批判に対する迫害や鎮圧もいまだにある．この状況では，社会経済の発展や精神発展などといった当初の目的を達成することができない．第二に，公開性を悪用して個人や小集団の利益を侵害することがおこなわれている．意見を発表する自由は個性を尊重して人間の尊厳（中国語では「人の尊厳」）を保護するためのものであり，人格攻撃により人を貶めるためのものではない．第三に，「保守主義勢力」の抵抗と反対がある．第四に，共和国とソ連中央の間や民族の間での矛盾や摩擦の激化したことである．たとえば，ソ連を構成するエストニア共和国が，国家主権を宣言する決議を可決して，ソ連中央と距離を置こうとした事例があげられている．この 4 点目については，公開性の原則とどのように関係するかは十分に説明されていないが，タブーとされる言論の範囲が狭められたことで，これまで抑え込まれていた中央に楯突くような立場も公然化したということであろう．

　このなかで，3 点目についてはソ連の公開性と西側の民主主義との関係性についての王立行の理解に関わる部分であるため，原文を引用することにしたい．

　　〔公開性に潜むリスクの内の〕1 つ目は保守主義勢力の抵抗と反対である．改革に反対する者，無関心な役人，官僚主義者と保守主義者が，国家機関と社会において依然として一定の権力と地位を占めており，相当大きな社会的勢力を有している．彼らは公開化の機会を利用して，党を非難している．ゴルバチョフが鋭く指摘したように，改革が始まって 4 年経っているにもかかわらず，いまだに懐疑的な論調をまき散らして，政治の多元化や多党制，ひいては私有制の思想まで打ち出す人がいる．さらに改革を通して社会主義の潜在能力を引き出すのはおよそ不可能だというようなことも言う．どのような状況であれ，これらはすべて人民，党，社会主義に対する不信任である（43頁）．

　すなわちここにおいては，「政治の多元化や多党制，ひいては私有制の思想」といった西側の民主主義の要素を取り入れようとする人たちは，改革に反対する「保守主義勢力」と同列のものとして否定的に扱われているのである．

　以上に見てきたように，論文の最後では簡単にデメリットにも言及している

ものの，文章全体の論調は総じて公開性の原則に肯定的であり，批判的なもの
も含めて多様な言論を容認した具体的な事例も詳細に記している．中国の政治
体制改革と直接結びつけるような記述がされているわけではないが，自由な言
論の表出が暴力的に抑え込まれた天安門事件の経緯を踏まえれば，非常に大胆
な論旨を展開していると読めないこともない．とはいえ，改めて確認しておく
べきことは，この文章は決して中国共産党の政策を批判する立場から書かれた
ものではなく，あるいはそもそもそのようなことは不可能な状況で公開された
ものであり，ソ連の公開性の原則を高く評価する本論文の立ち位置は，1989年
の後半の段階の中国において公的にも十分に認められるものであったというこ
とである．その理由は，公開性とは決して西側の民主主義のような「政治の多
元化や多党制，ひいては私有制の思想」を容認して社会主義を破壊するもので
はなく，むしろレーニンの原則に立ち返り社会主義を強化するものととらえら
れたからであり，この論理は天安門事件によっても変更されることがなかった
ことがわかる．

　もっとも，公開性について全面的に論じた論文はこの一本に限られ，中国に
おけるペレストロイカに対する研究のなかで公開性が中心的な論点になってい
たとは必ずしも言い難い．そして，さらに，Li, Jie（2017）の先行研究が指摘す
るように，ソ連国内の混乱や経済の悪化が顕著になった1990年代に入ってから
は，中国のソ連研究においてもゴルバチョフへの批判的評価が高まっていくこ
とになる．たとえば，『東欧中央アジア研究』（『ソ連東欧問題』の後継誌）に掲載
された1992年のある論文は，「ソ連共産党第19回党協議会が提起した公開性の
原則は，社会主義民主の性質をすでに失っており，一部の人や組織がソ連の国
家の利益や人民の利益，社会主義の利益を公然と破壊する思想的道具となって
しまった」（蔡偉「蘇聯体制改革転軌：失敗的原因及其後果」『東欧中亜研究』1992年第 5 期，
49頁）と論じている．

（比護　遥）

Column 5 　ソ連共産党の1961年綱領・規約における
　　　　　体系的更新原則について

　1961年のソ連共産党第22回党大会で採択された綱領と規約では，指導的機関の体系的更新原則が定められた．党規約では第25条で次の規則を定めた．すなわち，定例選挙ごとにソ連共産党中央委員会とその幹部会では４分の１以上を更新し，幹部会員の連続選出は三期まで，連邦構成共和国共産党中央委員会・地方と州の党委員会では３分の１以上を更新，委員の連続選出は三期まで，管区・市・地区の党委員会，初級党組織の委員会またはビューローでは２分の１を更新，委員の連続選出は三期まで，初級党組織書記は連続二期までとされた．委員の連続選出については例外規定も設けられた．綱領にもほぼ同じ文言がある．

　体系的更新原則とこの規則は党中央委員会第一書記ニキータ・フルシチョフが主導して綱領と規約に盛り込んだと考えることができる．フルシチョフが1964年に失脚すると，1966年に開かれた第23回党大会では党規約が修正され，第25条が削除された．

　本書９で紹介されている邢広程の論文では，委員の連続選出に例外規定を設けたことが終身制につながったとの批判がなされているが，綱領では体系的更新をおこなう際に指導の継承性を保障することが明記されており，例外規定はこれを制度的に保障した面があったかもしれない．また，フルシチョフの思惑がどのようなものであったにせよ，フルシチョフ自身が例外規定の対象となることはなかった．

　第22回党大会で新党規約が採択されるとわずか数年のうちに，初級党組織の書記の更新が困難だとの苦情が各地から寄せられることになった．党員数が150人未満の初級党組織では通例専従ではなかったため負担は重く，そのわりに「権力者」であるわけではない初級党組織の書記のための要員を確保するのは難しかった．しかも初級党組織の委員会・ビューロー・書記の任期は１年で，初級党組織書記については連続選出の例外規定がなかった．

　このため，第23回党大会での中央委員会報告において党規約の部分的な修正と追加の検討が提案された際に，第25条もその対象とされた．報告した党中央委員

会第一書記レオニード・ブレジネフは「体系的更新と継承性の原則それ自体はわれわれの党で長く機能している．そしてこれは正しい原則だ」と確認しつつ，「この過程を規制する現在有効なノルマについては，期待に応えなかったことを実生活が示した」と述べた．初級党組織書記の在任期間を2年までとする義務的な制限は書記の多数の交代につながり，初級党組織の活動に否定的に作用したとも指摘した．そしてブレジネフは，党機関の選挙に際しては──初級組織から中央委員会まで──体系的更新および指導の継承性の原則が遵守されることについての原則的綱領的条項だけを規約に維持し，この過程を定めるノルマを規約から削除することが適切だと提案した．この際にブレジネフは，あれこれの党員が政治的・実務的資質によって指導的党機関の構成員となるにふさわしいかを党員たちが自ら決めるようにすることは「より適切であり，より民主主義的となる」と述べた．

　この提案を受けて，第23回党大会は「多くの党機関と党員の提案を考慮し，党では選挙に際して具体的な各地の条件ならびに働き手の実務的および政治的資質を考慮した党委員会の構成の定期的な更新が起こっていること，この問題における規制が実際では期待に応えなかったことを考慮に入れ，党機関の構成と党組織書記の更新のノルマと交代を定めている条項を今後もソ連共産党規約に維持することを理にかなわないと考える．これに伴い，規約から第25条を削除する」こと，党機関の選挙について定めた第24条にすべての選挙で体系的更新および指導の継承性の原則が遵守されるとの指示を追加することを決議した．

　すなわち，「終身制」は例外規定によってではなく，連続選出の制限そのものが削除されたことで可能となった．なお，綱領にもほぼ同一の文言があったが，こちらは削除されなかった．理由は不明だが，綱領での規定は努力目標とみなすことができたためかもしれない．

（松戸　清裕）

あ と が き

　本書は，科学研究費助成事業（基盤研究（A））「中国の改革開放萌芽期の再検討 —— メディア空間からみた旧東欧との分岐」(2021–2025年度，課題番号 21H04354) の中間成果である．本科研の目的は，研究室ホームページ (https:// dragon-china99.org/project.html#１) に記載してあるように，以下のとおりである．

　　本研究は，1970年代後半から1980年代の改革開放萌芽期の中国が新型のデモ
　クラシー（「人民民主主義」）をめぐって制度や思想をどのように変化させようと
　したのかを，史資料が豊富に存在するメディア空間から解明する．改革開放萌
　芽期は大国化した現代中国を形作った重要な歴史的転換点である．この時期に
　「人民民主主義」を実質化させる「社会主義的民主主義」が模索され，その時代
　状況のなかでメディア空間が拡大して，現在にまで至るダイナミックな議論が
　誘発された．本研究の独創性は，改革開放萌芽期の中国を20世紀中国史という
　歴史的な深み，東アジア史という地理的な広がり，ソ連・旧東欧・西欧の理念・
　体制との比較史という理念的かつ体制論的な高みから分析することにある．あ
　わせて，研究成果の日中英三言語による発信と史料のデジタル化にも取り組む．

ここに記された研究目的のうち，本書は，中国とソ連および旧東欧諸国との比較にかかわる研究成果を収録することになる．

　私たちの研究グループの問題関心は，極めてシンプルである．かつての社会主義諸国が1980年代から1990年代にかけて共産党の独裁体制を変化させたのに対して，なぜ中国は異なる道を歩んだのか——この「なぜ」という問いを，私たちは学術的に探究したいと考えている．

　一般的に，この問いの解明に最も相応しい学者集団は政治学者だろう．実際，政治学者による研究成果は，日本か海外かを問わず，かなり豊富にある．とりわけ，主要な政治リーダーや政治制度（中国共産党組織も含む）を分析した多くの研究は傾聴に値する．それらの良質な研究成果がしばしば強調することは，中国共産党の組織としての特異性が政権を持続させた，というものである．換

言すれば，中国共産党は，権力の正統性を巧みに創出しながら，時勢の変化にも柔軟に対応できる変幻自在な組織だ，ということである．

しかし，中国共産党は人民共和国を語るうえで無視できない政治勢力ではあるが，中国共産党の歴史が人民共和国の歴史のすべてを覆い尽くすわけではない．たとえば，本書が分析した1980年代を中心とする改革開放萌芽期の中国のソ連観や旧東欧観は私たちの想像以上に多様性に富み，それらが様ざまな政治的主張を惹起しながら，当時の政治思潮（政治思想）に彩を添えていたことがわかる．中国に限らず，どの国や地域であっても，その他者認識は必ずしも他者の真実を言い当てているわけではないが，誤認も含めた他者に対する観方が自身の改革の方向性——改革をしないという方向性も含む——を決定づける1つの背景にもなり得る．そうした関連性を読み解くヒントが本書には数多く散りばめられている．

本書は，何かを決定的に解明する類の専門書ではない．改革開放期の中国を歴史化するための学術的作業の一環である．より正確に言えば，良質な中国共産党史研究の学術成果を土台にして，中国近現代史のなかに改革開放史を位置づけようとする初歩的な試みである．実際，本書では，人民共和国史の前史である民国史に精通した研究者たちがその作業に従事したことで，その道筋が随所に示されている．しかも，ソ連や旧東欧諸国の政治史研究を牽引する歴史学者，ヨーロッパの政治・社会・文化情勢に詳しい政治学者・文学者が本書の各論で扱った中国語の原文内容を中国研究者と共同して確認したことで，改革開放史が同時代の世界史のなかでどのような同質性や異質性を含んでいたのかも明らかになった（本書収録の「Column」も併せて参照のこと）．

私たちは，このような特徴をもつ本書を通じて，「1980年代の中国がなぜソ連や旧東欧諸国と異なる道を歩んだのか」という問いに対する様ざまな学説が「どこまで歴史的な視点と比較史的な視点に耐え得るのか」を多くの研究者とともに検討したいと考えている．このような中期目標を掲げる「愚直な」本書は市場での競争力をあまりもたないのかもしれないが，それにもかかわらず，晃洋書房編集部・徳重伸さんは本書の刊行を全力でサポートして下さった．しかも，「索引が学術書の水準を如実に物語る」と考える私には私なりのこだわ

りがあるが，徳重さんは，そのやり方にも真摯に向き合って下さった．数十年先の学術界を見据えて良質な学術書を世に送り出そうとして下さっているその御意志に，一研究者として大いに励まされる．今後も私たちのチャレンジを温かく見守って下されば幸いである．

　2023年 4 月 1 日　「疾風に勁草を知る」を念じつつ駒場の研究室にて

中 村 元 哉

主要参考文献一覧————————————————————————

＊改革開放史に関する日本語・中国語・英語の主要な専著と専論を整理した.

＊本書で引用した改革開放史および中国近現代史にかかわる専著と専論も一部に含んでいる.

【日本語】

浅川あや子（2010）「中国からみたゴルバチョフ改革——中ソ比較経済改革史の予備的考察」『中国研究論叢』第10号.

————（2013）「ソ連からみた鄧小平の経済改革（1984〜1992年）——中ソ比較経済改革史の予備的考察」『比較経済研究』第50巻第2号.

味岡徹（2019）「中国改革開放初期の政治体制改革」『聖心女子大学論叢』第134集.

阿南友亮（2017）『中国はなぜ軍拡を続けるのか』新潮社.

天児慧（1988）『中国改革最前線——鄧小平政治のゆくえ』岩波書店.

————（1992）『歴史としての鄧小平時代』東方書店.

————（2021）『巨龍の胎動——毛沢東VS.鄧小平』講談社.

安成日（2009）「中国におけるロシア（ソ連）・東欧・中央アジア研究」『比較経済体制研究』第16号.

家近亮子（2011）「中国における階級概念の変遷——毛沢東から華国鋒へ」加茂具樹・飯田将史・神保謙編『中国改革開放への転換——「一九七八年」を越えて』慶應義塾大学出版会.

石井明（2007）「中ソ関係正常化交渉に関する一考察——カンボジア問題をめぐる協議を中心に」木村汎・袴田茂樹編『アジアに接近するロシア——その実態と意味』北海道大学出版会.

————（2009）「現代化建設論の再検討——華国鋒から鄧小平へ」『現代中国』第83号.

石井知章（2019）「趙紫陽と天安門事件——労働者をめぐる民主化の挫折」『明治大学社会科学研究所紀要』第57巻.

石川禎浩（2017）「コミンテルンから中国革命・中ソ対立へ」松戸清裕ほか編『ロシア革命とソ連の世紀——スターリニズムという文明』（第2巻）岩波書店.

————（2021）『中国共産党，その百年』筑摩書房.

石塚迅（2004）『中国における言論の自由——その法思想，法理論および法制度』明石書店.

————（2019）『現代中国と立憲主義』東方書店.

磯部靖（2011）「文化大革命以降の権力継承問題と中越戦争」加茂具樹・飯田将史・神保謙編『中国改革開放への転換——「一九七八年」を越えて』慶應義塾大学出版会.

伊藤正（2012）『鄧小平秘録』（上下巻）文藝春秋.

林載桓（2014）『人民解放軍と中国政治——文化大革命から鄧小平へ』名古屋大学出版会.

ヴォーゲル，エズラ・F.〔中嶋嶺雄監訳〕（1991）『中国の実験——改革下の広東』日本経済新聞社.

————〔益尾知佐子・杉本孝訳〕（2013）『現代中国の父——鄧小平』（上下巻）日本経済新聞出版社.

江藤名保子（2014）『現代中国地域研究叢書7　中国ナショナリズムのなかの日本——「愛国主義」の変容と歴史認識問題』勁草書房.

及川淳子（2012）『現代中国の言論空間と政治文化——「李鋭ネットワーク」の形成と変容』御茶の水書房.

太田勝洪・小島晋治・高橋満・毛里和子編（1985-1986）『中国共産党最新資料集』（上下巻）勁草書房.

大塚豊（1996）『現代中国高等教育の成立』玉川大学出版部.

岡部達味（1989）『中国近代化の政治経済学——改革と開放の行方を読む』PHP研究所.

岡部達味・天児慧編（1995）『原典現代中国史——政治（下）』（第2巻）岩波書店.

岡部達味・毛里和子（1991）『改革・開放時代の中国〈現代中国論2〉』日本国際問題研究所.

加々美光行（1990）『現代中国の黎明——天安門事件と新しい知性の台頭』学陽書房.

——（2016）『未完の中国——課題としての民主化』岩波書店.

加々美光行〔村田雄二郎監訳〕（1990）『天安門の渦潮——資料と解説 中国民主化運動』岩波書店.

加藤弘之（1997）『中国の経済発展と市場化——改革・開放時代の検証』名古屋大学出版会.

加藤弘之・久保亨（2009）『進化する中国の資本主義』岩波書店.

金子肇（2019）『近代中国の国会と憲政——議会専制の系譜』有志舎.

加茂具樹（2006）『現代中国政治と人民代表大会——人代の機能改革と「領導・被領導」関係の変化』慶應義塾大学出版会.

——（2011）「彭真と全国人民代表大会——文革後の人代改革と人代の可能性」加茂具樹・飯田将史・神保謙編『中国改革開放への転換——「一九七八年」を越えて』慶應義塾大学出版会.

——（2013）「現代中国における民意機関の政治的役割——代理者,諫言者,代表者. そして共演.」『アジア経済』第54巻第4号.

——（2020）「継承された改革と継承されなかった改革——中国共産党が提起した社会協商対話制度と協商民主制度」『アジア研究』第66巻第3号.

加茂具樹・小嶋華津子・星野昌裕・武内宏樹編（2012）『党国体制の現在——変容する社会と中国共産党の適応』慶應義塾大学出版会.

加茂具樹・林載桓編（2018）『現代中国の政治制度——時間の政治と共産党支配』慶應義塾大学出版会.

川島真・毛里和子（2009）『グローバル中国への道程——外交150年』岩波書店.

木下光弘（2021）『中国の少数民族政策とポスト文化大革命——ウランフの「復活」と華国鋒の知られざる「功績」』明石書店.

久保亨（2011）『シリーズ中国近現代史4 社会主義への挑戦』岩波書店.

——（2020）『20世紀中国経済史論』汲古書院.

——（2023）『戦争と社会主義を考える——世界大戦の世紀が残したもの〈講座 わたしたちの歴史総合5〉』かもがわ出版.

久保亨・加島潤・木越義則（2016）『統計でみる中国近現代経済史』東京大学出版会.

熊倉潤（2020）『民族自決と民族団結——ソ連と中国の民族エリート』東京大学出版会.

厳家其〔末吉作訳〕（1990）『中国への公開状』学生社.

——〔末吉作訳〕（1992）『亡命までの日々』学生社.

厳家祺・高皋〔辻康吾監訳〕（2002）『文化大革命十年史』（上中下巻）岩波書店.

胡鞍鋼〔日中翻訳学院本書翻訳チーム訳〕（2019）『中国政治経済史論 鄧小平時代』日本僑報社.

胡縄〔今村弘子訳〕（2005）『中国の改革開放——マルクス主義と中国の国情』原書房.

呉恩遠（2008）「中国社会科学院マルクス主義研究院呉恩遠氏——ソ連崩壊の原因について語る」『社会主義』第552号.

呉敬璉〔凌星光・陳寛・中屋信彦訳〕（1995）『中国の市場経済——社会主義理論の再建』サイマル出

　　　　版会.

————〔青木昌彦監訳・日野正子訳〕（2007）『現代中国の経済改革』NTT出版.

————〔ノートン，バリー編〕（2015）『呉敬璉，中国経済改革への道』NTT出版.

呉国光〔廖建龍訳〕（2012）『次の中国はなりふり構わない——「趙紫陽の政治改革案」起草者の証言』
　　　　産経新聞出版.

————〔加茂具樹監訳〕（2023）『権力の劇場——中国共産党大会の制度と運用』中央公論新社.

国分良成（1992）『中国政治と民主化——改革・開放政策の実証分析』サイマル出版会.

————（2004）『現代中国の政治と官僚制』慶應義塾大学出版会.

————（2017）『中国政治からみた日中関係』岩波書店.

小嶋華津子（2021）『中国の労働者組織と国民統合——工会をめぐる中央-地方間の政治力学』慶應義
　　　　塾大学出版会.

小島朋之（1988）『変わりゆく中国の政治社会——転換期の矛盾と摩擦』芦書房.

————（1989）『さまよえる中国——「鄧以後」90年代のシナリオ』時事通信社.

————（1990）『岐路に立つ中国』芦書房.

————（1999）『現代中国の政治——その理論と実践』慶應義塾大学出版会.

小島麗逸・石原享一編（1994）『原典中国現代史——経済』（第３巻）岩波書店.

駒形哲哉（2011）『中国の自転車産業——「改革・開放」と産業発展』慶應義塾大学出版会.

————（2011）「経済システムからみた『断絶』『継承』『連続』」加茂具樹・飯田将史・神保謙編『中
　　　　国改革開放への転換——「一九七八年」を越えて』慶應義塾大学出版会.

近藤邦康・和田春樹編（1993）『ペレストロイカと改革・開放——中ソ比較分析』東京大学出版会.

柴田哲雄（2019）『汪兆銘と胡耀邦——民主化を求めた中国指導者の悲劇』彩流社.

下野寿子（2008）『中国外資導入の政治過程——対外開放のキーストーン』法律文化社.

シュラム，スチュアート・R.〔矢吹晋訳〕（1987）『改革期中国の政策とイデオロギー』蒼蒼社.

鈴木賢（1999）「ポスト『文革期』中国における変法理論の転換——『法制』と『法治』のあいだ」
　　　　今井弘道・森際康友・井上達夫編『変容するアジアの法と哲学』有斐閣.

宗鳳鳴〔高岡正展編訳〕（2008）『趙紫陽——中国共産党への遺言と「軟禁」15年余』ビジネス社.

ソ連科学アカデミー極東研究所編〔毛里和子・本庄比佐子訳〕（1977）『中国革命とソ連の顧問たち』
　　　　日本国際問題研究所.

高橋伸夫（2021）『中国共産党の歴史』慶應義塾大学出版会.

高原明生（1996）「改革・開放以後の中国の歴史的位相——中央・地方関係から見た社会主義開発志
　　　　向型国家の変容」『国際政治』第112号.

————（2011）「現代中国史における一九七八年の画期性について」加茂具樹・飯田将史・神保謙
　　　　編『中国改革開放への転換——「一九七八年」を越えて』慶應義塾大学出版会.

————（2018）「中国の幹部選抜任用制度をめぐる政治」加茂具樹・林載桓編『現代中国の政治制
　　　　度——時間の政治と共産党支配』慶應義塾大学出版会.

高原明生ほか編（2012-2014）『日中関係史——1972-2012』（全４巻）東京大学出版会.

高原明生・前田宏子（2014）『シリーズ中国近現代史５ 開発主義の時代へ——1972-2014』岩波書店.

高見澤磨・鈴木賢（2010）『中国にとって法とは何か——統治の道具から市民の権利へ』岩波書店.

高見澤磨・鈴木賢編（2017）『要説 中国法』東京大学出版会.

高見澤磨・鈴木賢・宇田川幸則・徐行（2022）『現代中国法入門〔第9版〕』有斐閣.

田中信行（1993）「Ⅱ　中国——『党政分離』と法治の課題」前掲『ペレストロイカと改革・開放』.

趙紫陽〔バオ・プー，ルネー・チアン，アディ・イグナシアス編／河野純治訳〕（2010）『趙紫陽極秘回想録——天安門事件「大弾圧」の舞台裏！』光文社．※文庫版：趙紫陽ほか〔河野純治訳〕（2022）『趙紫陽極秘回想録——天安門事件「大弾圧」の舞台裏』（上下巻）光文社.

陳一諮（1993）『中国で何が起こったか』学生社.

唐亮（1997）『現代中国の党政関係』慶應義塾大学出版会.

————（2001）『変貌する中国政治——漸進路線と民主化』東京大学出版会.

————（2012）『現代中国の政治——「開発独裁」とそのゆくえ』岩波書店.

杜潤生（2011）〔白石和良・菅沼圭輔・浜口義曠訳〕『中国農村改革の父——杜潤生自述』農山漁村文化協会.

————〔農林中金総合研究所編／白石和良・菅沼圭輔・浜口義曠・阮蔚訳〕（2002）『杜潤生中国農村改革論集——日中国交正常化30周年記念出版』農山漁村文化協会.

内藤寛子（2017）「政治体制改革の継承と発展——省レベルにおける政法委員会の改組状況に着目して」『国際情勢』第87号.

————（2021）「1980年代後半の行政訴訟法の制定過程における中国共産党の論理——体制内エリートの統制と人民法院の『民主的な』機能」『アジア研究』第67号第3巻.

中兼和津次（2009）「今日の時点から見たブルスとコルナイ——偉大なる社会主義経済研究者の理論に対する批判的検討」『比較経済研究』第46巻第2号.

————（2010）『体制移行の政治経済学』名古屋大学出版会.

中兼和津次編（2021）『毛沢東時代の経済——改革開放の源流をさぐる』名古屋大学出版会.

長岡貞男・馬成三・S.ブラギンスキー編（1996）『中国とロシアの産業変革——企業改革と市場経済』日本評論社.

中村元哉（2018）『中国，香港，台湾におけるリベラリズムの系譜』有志舎.

————（2022）「中華民国における民主主義の模索」永原陽子・吉澤誠一郎編『岩波講座世界歴史——二つの大戦と帝国主義Ⅰ』（第20巻）岩波書店.

中村元哉編（2018）『憲政から見た現代中国』東京大学出版会.

中村元哉・森川裕貴・関智英・家永真幸（2022）『概説　中華圏の戦後史』東京大学出版会.

西村幸次郎編（1983）『中国における法の継承性論争』早稲田大学比較法研究所.

西村成雄・国分良成（2009）『党と国家——政治体制の軌跡』岩波書店.

野村浩一ほか編（1989-1990）『岩波講座現代中国』（全6巻・別巻2）岩波書店.

浜勝彦（1995）『中国——鄧小平の近代化戦略』アジア経済研究所.

平松茂雄（1989）『鄧小平の軍事改革』勁草書房.

深町英夫編（2009）『中国政治体制100年——何が求められてきたのか』中央大学出版部.

————（2015）『中国議会100年史——誰が誰を代表してきたのか』東京大学出版会.

方励之〔末吉作訳〕（1990）『中国の失望と希望』学生社.

益尾知子（2010）『中国政治外交の転換点——改革開放と「独立自主の外交政策」』東京大学出版会.

益尾知子ほか（2017）『中国外交史』東京大学出版会.

馬立誠・凌志軍〔伏見茂訳〕（1999）『交鋒——改革・開放をめぐる党内闘争の内幕』中央公論新社.

丸川知雄（1999）『市場発生のダイナミクス——移行期の中国経済』アジア研究所.

───（2021）『現代中国経済〔新版〕』有斐閣.

マン, ジェームズ〔鈴木主税訳〕（1999）『米中奔流』共同通信社.

三宅康之（2006）『中国・改革開放の政治経済学』ミネルヴァ書房.

毛里和子（1983）「中国からみたソ連・東欧の経済改革」『共産主義と国際政治』第8巻第2号.

───（1986）「補論 中国のソ連経済評価」岡部達味ほか編『中国社会主義の再検討』日本国際問題研究所.

───（1989）『中国とソ連』岩波書店.

───（2012）『現代中国政治——グローバル・パワーの肖像〔第3版〕』名古屋大学出版会.

毛里和子編（1995）『市場経済化の中の中国〈現代中国論3〉』日本国際問題研究所.

毛里和子ほか編（2000-2001）『現代中国の構造変動』（全8巻）東京大学出版会.

八塚正晃（2012）「中国共産党の『歴史決議』をめぐる政治過程（1979-1981）」『法学政治学論究』第93号.

───（2022）「中国における革命外交と近代化の相剋——1970年代の対外援助をめぐる政治過程」『中国研究月報』第895号.

矢吹晋（1987）『中国開放のブレーン・トラスト』蒼蒼社.

───（1988）『中国のペレストロイカ——民主改革の旗手たち』蒼蒼社.

───（1991）『保守派VS.改革派——中国の権力闘争』蒼蒼社.

山極晃・毛里和子編（1987）『現代中国とソ連』日本国際問題研究所.

李鋭〔小島晋治編訳〕（2013）『中国民主改革派の主張——中国共産党私史』岩波書店.

李彦銘（2016）『現代中国地域研究叢書17 日中関係と日本経済界——国交正常化から「政冷経熱」まで』勁草書房.

陸南泉（1987）「中国のソ連研究——歴史・研究組織・主要課題」『ソ連研究』第5号.

劉傑・中村元哉（2022）『超大国・中国のゆくえ——文明観と歴史認識』（第1巻）東京大学出版会.

和気弘編（1987）『胡耀邦という男——中国民主改革の星』蒼蒼社.

渡辺利夫・小島朋之・杜進・高原明生（1999）『毛沢東, 鄧小平そして江沢民』東洋経済新報社.

和田春樹ほか編（2011）『岩波講座 東アジア近現代通史——経済発展と民主革命 1975-1990年』（第9巻）岩波書店.

【中国語】

『八十一年人生路 胡喬木生平』編写組編（2017）『八十一年人生路 胡喬木生平』社会科学文献出版社.

白智立（2018）『改革開放以来的中国国家治理模式及改革』広東人民出版社.

蔡文軒（2011）『中共政治改革的邏輯——四川, 廣東, 江蘇的個案比較』五南図書出版.

曹普（2016）『当代中国改革開放史』（上下巻）人民出版社.

常慶（1986）「蘇聯東欧問題国内期刊述評」『蘇聯東欧問題』1986年第3期.

陳一諮（2013）『陳一諮回憶録』新世紀出版社.

陳永発（2001）『中国共産革命七十年〔修訂版〕』（下巻）聯経出版事業公司.

戴煌（1998）『胡耀邦与平反冤假錯案』中国文聯出版公司・新華出版社.

鄧力群（2005）『十二個春秋（1975-1987）』香港博智出版社.

鄧小平（1993）『鄧小平文選』（第三巻）人民出版社.

───（1994）『鄧小平文選〔第2版〕』（第二巻）人民出版社.

鄧英淘・何維凌編（1985）『動態経済系統的調整与変化』四川人民出版社.

杜導正（2010）『趙紫陽還説過甚麼？──杜導正日記』天地図書有限公司.

『俄羅斯中亜東欧研究』雑誌史編纂小組編（2006）『不平凡的歴程──『俄羅斯中亜東欧研究』二十五年（1981-2006）』同小組.

樊超（2016）『合作与共贏──密月期的中国与美国』世界知識出版社.

高皋（1993-1999）『後文革史──中国自由化潮流』（上中下巻）聯経出版.

───（2009）『鄧小平・胡耀邦・趙紫陽──三頭馬車時代』明鏡出版社.

『改革開放40年』編写組編（2018）『改革開放40年』中国統計出版社.

谷牧（2014）『谷牧回顧録』中央文献出版社.

国史全鑑編委会（1996）『中華人民共和国国史全鑑』（全6巻）団結出版社.

韓大元編（2012）『中国憲法学説史研究』（上下巻）中国人民大学出版社.

韓鋼（2011）「関於華国鋒的若干史実」『炎黄春秋』2011年第2期.

───（2011）「関於華国鋒的若干史実（続）」『炎黄春秋』2011年第3期.

胡喬木伝編写組編（2002）『胡喬木　書信集　喬木文叢』人民出版社.

胡耀邦（2015）『胡耀邦文選』人民出版社.

姜琦・趙泓（1997）「新的起点──写在『今日東欧中亜』100期之際」『今日東欧中亜』1997年第5期.

蔣華杰（2021）「制度鏡像──波蘭団結工会事件与中国改革開放的変奏」『二十一世紀』第185期.

景勿吾（2013）『戦後蘇聯──改革的歴史透視与思考』民主与建設出版社.

孔寒氷・韋沖霄（2019）「中東欧研究的歴史演変、特征及発展趨勢──孔寒氷教授訪談」『国際政治研究』2019年第3期.

黎鳴（1988）『控制論与社会改革』光明日報出版社.

李忠傑（2018）『改革開放関鍵詞──中国改革開放歴史通覧』人民出版社.

理論（2006）『専訪趙紫陽──一九九二─二〇〇四與友人的談話』精誠文化事業公司.

李鋭ほか（2009）『胡耀邦與中国政治改革──12位老共産党人的反思』晨鐘書局.

『李先念伝』編写組編（2009）『李先念伝──1949-1992』（上下巻）中央文献出版社.

『李先念伝』編写組・鄂豫辺区革命史編輯部編写（2011）『李先念年譜』（第5，6巻）中央文献出版社.

林重庚（2018）「親歴中国経済思想的対外開放」『中共党史研究』2018年第4期.

劉国華・薛暁栄（2002）「蘇聯解体原因十年研究綜述」『東欧中亜研究』第6期.

劉克明（1984）「建国以来的蘇聯東欧研究」『蘇聯東欧問題』1984年第6期.

劉培育・呆文川編（2018）『中国哲学社会科学発展歴程回憶・続編1集』中国社会科学出版社.

劉培育編（2014）『中国哲学社会科学発展歴程回憶・政法社会巻』中国社会科学出版社.

劉顕忠（2019）「中国的蘇聯歴史研究七十年」『世界歴史評論』2019年第3期.

柳紅（2010）『八〇年代──中国経済学人的光栄与夢想』広西師範大学出版社.

陸南泉（1996）「蘇聯激変的根本原因」『世界経済』第9期.

馬立誠（2008）『交鋒三十年──改革開放四次大論争親歴記』江蘇人民出版社.

馬立誠・淩志軍（2008）『交鋒──当代中国三次思想解放実録』湖北人民出版社.

満妹（2005）『思念依然無尽──回憶父親胡耀邦』北京出版社.

牛軍（2019）『冷戦時代的中国戦略決策』世界知識出版社.

欧陽淞（2018）『改革開放口述史』中国人民大学出版社.

『彭真伝』編写組編（2012）『彭真年譜』（第４，５巻）中央文献出版社.

曲青山（2019）『改革開放四十年口述史』中国人民大学出版社.

曲青山・黄書元編（2018）『中国改革開放全景録』人民出版社.

全国日本経済学会・中国社会科学院日本研究所編（2019）『中国改革開放40年与日本』社会科学文献
　　出版社.

沈大偉（Schambaugh, David）〔兪可平共著〕（2011）『中国共産党──収縮与調適』中央編訳出版社.

沈志華（2009a）「発現曽経真実的蘇聯」『中国改革』2009年第12期.

───（2009b）『蘇聯専家在中国──1948-1960』新華出版社.

田紀雲（1999）『中国農業和農村的改革与発展』中国農業出版社.

───（2009）『改革開放的偉大実践──紀念改革開放三十周年』新華出版社.

田明（2017）『1927-1937年上海郵務工会研究』中国社会科学出版社.

王洪模ほか（1989）『改革開放的歴程』河南人民出版社.

王躍生「走出揺籃──読『今日蘇聯』談当今的蘇聯研究」『読書』1989年第９期.

呉国光（1997）『趙紫陽與政治改革』香港太平洋世紀出版社.

───〔趙燦訳〕（2018）『権力的劇場　中共党代会的制度運作』香港中文大学出版社.

呉安家（2004）『中共意識形態的変遷与持続（1949-2003年）』国史館.

呉稼祥（2002）『中南海日記──中共両代王儲的隕落』明鏡出版社.

呉江（2012）『政治滄桑六十年──呉江回憶録』中文大学出版社.

呉敬璉（2003）『呉敬璉自選集（1980-2003）』山西経済出版社.

───（2008）『比較』（第38輯）中信出版社.

───（2010）『当代中国経済改革教程』上海遠東出版社.

呉偉（2013）『中国80年代政治改革的台前幕後』新世紀出版及傳媒有限公司.

呉暁波（2008）『激蕩三十年──中国企業1978-2008』中信出版社・浙江人民出版社.

蕭冬連（2006）「中国改革初期対国外経験的系統考察和借鑑」『中共党史研究』2006年第４期.

───（2008）『歴史的転軌──従撥乱反正到改革開放』中文大学出版社.

───（2019）『探路之役──1978-1992年的中国経済改革』社会科学文献出版社.

許保家（2010）『譲思想衝破牢籠──胡耀邦出任中宣部長的日子（1978-1980）』天行健出版社.

徐剛（2020）「改革開放40年来的中国（中）東欧研究──基於学科建設的初歩思考」『俄羅斯東欧中亜
　　研究』2020年第１期.

楊成（2011）「中国俄蘇研究的範式重構与智識革命──基于学術史回顧和比較研究的展望」『俄羅斯研
　　究』2011年第１期.

楊継縄（1998）『鄧小平時代──中国改革開放二十年紀実』中央編訳出版社.

───（2004）『中国改革年代的政治闘争』Excellent Culture Press HONG KONG.

葉剣英（1996）『葉剣英選集』人民出版社.

于光遠（2008）『1978──我親歴的那次歴史大転折──十一届三中全会的台前幕後』天地図書.

于光遠・杜潤生ほか（2009）『改革憶事』人民出版社.

余敏玲（2015）『形塑「新人」──中共宣伝与蘇聯経験』中央研究院近代史研究所.

袁宝華（2018）『袁宝華回憶録』中国人民大学出版社.

章清（2004）『「胡適学派人群」与現代中国自由主義』上海古籍出版社.

張柏春ほか（2004）『蘇聯技術向中国的転移1949-1966』山東教育出版社.

張黎群ほか編（2015）『胡耀邦（1915-1989）』（全3巻）北京連合出版公司.

張平編（2009）『中国改革開放──1978-2008』（全9巻）人民出版社.

趙泓（2011）「循序漸進　精益求精──『俄羅斯研究』発行三十周年寄語」『俄羅斯研究』2011年第3期.

趙智奎編（2008）『改革開放30年思想史』人民出版社.

趙紫陽（2009）『改革歴程』新世紀出版社.

『趙紫陽文集』編輯組（2016）『趙紫陽文集──1980-1989』（第四巻）香港中文大学出版社.

鄭謙ほか（1988）『中国政治体制発展概要──1949-1988』中共党史資料出版社.

鄭仲兵編（2005）『胡耀邦年譜資料長編』（上下巻）香港時代国際出版有限公司.

中共中央党史和文献研究院（2018）『改革開放四十年大事記』人民出版社.

中共中央党史研究室第三研究部（2008）『中国改革開放30年』遼寧人民出版社.

中共中央文献研究室編（1986-1988）『十二大以来重要文献選編』（上中下巻）人民出版社.

───（1991）『十三大以来重要文献選編』（上巻）人民出版社.

───（2004）『鄧小平年譜──1975-1997』（上下巻）中央文献出版社.

───（2008）『改革開放三十年重要文献選編』（上下巻）中央文献出版社.

───（2011）『鄧小平思想年譜──1975-1997』中央文献出版社.

中共中央文献研究室ほか編（2015）『陳雲伝〔第2版〕』（第4巻）中央文献出版社.

───（2015）『陳雲年譜（修訂本）』（下巻）中央文献出版社.

中国経済体制改革研究会編（2018）『見証重大改革決策──改革親歴者口述歴史』社会科学文献出版社.

中国社会科学院俄羅斯東欧中亜研究所（2016）『俄羅斯東欧中亜研究文選（1965-2015）』（全2巻）社会科学文献出版社.

中国社会科学院科研局編（2001）『何方集』中国社会科学出版社.

───（2002）『宦郷集』中国社会科学出版社.

朱佳木（1998）『我所知道的十一届三中全会』中央文献出版社.

宗鳳鳴（2007）『趙紫陽──軟禁中的談話』開放出版社.

【英語】

Baum, Richard（1994）, *Burying Mao: Chinese politics in the age of Deng Xiaoping*, New Jersey: Princeton University Press.

Berliner, Joseph S.（1994）, "Perestroika and the Chinese Model", R. Cambell ed., *The Postcommunist Economic Transformation*, Westview Press.

Bernstein, Thomas P., Li, Hua-Yu（2010）, *China Learns from the Soviet Union, 1949-Present*, MD: Lexington Books（中国語：白思鼎・李華鈺編（2019）『中国学習蘇聯──1949年至今』香港中文大学出版社）.

Brus, W.（1993）, "Marketisation and democratisation: the Sino-Soviet divergence", *Cambridge Journal of Economics*, Vol. 17, No. 4.

Chow, C. Gregory（1993）, "China's Economic Reform: An Option to Avoid a Transformation Crisis, In Horst Siebert", J.C.B. Mohr ed., *Overcoming the Transformation Crisis-Lessons for the Successor States of the Soviet Union*, Paul Siebec: Tübingen.

Dillon, Michael（2015）, *Deng Xiaoping: the man who made modern China*, London: I. B. Tauris.

Fewsmith, Joseph（1994）, *Dilemmas of Reform in China: Political Conflict and Economic Debate (Socialism and Social Movements)*, London: Routledge.

Fewsmith, Joseph（2001）, *China since Tiananmen: The politics of transition*, New York: Cambridge University Press.

Fewsmith, Joseph（2021）, *Rethinking Chinese Politics*, Cambridge: Cambridge University Press.

Gewirtz, Julian（2017）, *Unlikely Partners: Chinese Reformers, Western Economists, and the Making of Global China*, Mass: Harvard University Press.

Gewirtz, Julian（2022）, *Never Turn Back: China and the Forbidden History of the 1980s*, Mass: Belknap Press of Harvard University Press.

Goldman, Merle（1994）, *Sowing the Seeds of Democracy in China Political Reform in the Deng Xiaoping Era*, Mass: Harvard University Press.

Goldman, Merle & Macfarquhar, Roderic（1999）, *The Paradox of China's Post-Mao Reforms*, Mass: Harvard University Press.

Greenhalgh, Susan（2008）, *Just one child: Science and policy in Deng's China*, University of California Press.

Gu, Edward X. & Goldman, Merle, eds,（2004）, *Chinese intellectuals between state and market*, London: Routledge Curzon.

Hua, Shiping（1993）, *Scientism and Humanism: Two Cultures in Post-Mao China (1978–1989)*, State University of New York Press.

Kajitani, Kai & Kamo, Tomoki（2022）, *Political Economy of Reform in China*, Singapore: Springer.

Kawashima, Shin（2020）, "The Four Principles that Formed the Basis of Friendly Relations between Japan and China: The China Policy of the Nakasone Yasuhiro Government", *Asia-Pacific Review*, Vol. 27, No. 1 .

Keping, Yu（2009）, "Ideological Change and Incremental Democracy in Reform-Era China", Li, Cheng ed., *China's Changing Political Landscape: Prospects for Democracy*, Washington, D.C.: Brookings Institution Press.

Kluver, Alan R.（1996）, *Legitimating the Chinese economic reforms: A rhetoric of myth and orthodoxy*, Albany: State University of New York Press.

Krug, Barbara（1984）, "The economists in Chinese politics", David S. Goodman ed., *Groups and politics in the People's Republic of China*, Cardiff, United Kingdom: University College Cardiff Press.

Lardy, Nicholas R.（1992）, *Foreign Trade and Economic Reform in China, 1978–1990*, New York: Cambridge University Press.

Li, He eds（2015）, *Political thought and China's transformation: Ideas shaping reform in post-Mao China*, Singapore: Springer.

Li, Jie (2017), *Sovietology in Post-Mao China, 1980–1999*, A thesis for the University of Edinburgh.

———— (2020), The 1980s and 1990s Chinese debates on socialism: The Case of Gorbachev's Glasnost, *Kitaêznavči doslidžennâ*, 2020, No. 1 .

Li, Jingjie (1994), "The Characteristics of Chinese and Russian Economic Reform", *Journal of Comparative Economics*, Vol. 18, Issue 3 .

Li-Ogawa, Hao (2022), "Hua Guofeng and China's transformation in the early years of the post-Mao era", *Journal of Contemporary East Asia Studies*, vol. 11.

Lieberthal, Kenneth (2004), *Governing China: from Revolution through Reform*, 2 nd ed, New York: W. W. Norton.

Medeiros, Evan S. (2007), *Reluctant Restraint: the Evolution of China's Nonproliferation Policies and practices, 1980–2004*, Stanford, Calif.: Stanford University Press.

Misra, Kalpana (1998), *From post-Maoism to post-Marxism: the erosion of official ideology in Deng's China*, London: Routledge.

Nolan, Peter (1995), *China's rise, Russia's fall: politics, economics and planning in the transition from Stalinism*, New York: St. Martin's Press.

Oi, Jean C. & Walder, Andrew G. (1999), *Property rights and economic reform in China*, Stanford: Stanford University Press.

Roderick, Macfarquhar (1997), *The Politics of China: the Eras of Mao and Deng*, 2 nd ed, New York: Cambridge University Press.

Ross, Robert S. (1995), *Negotiating Cooperation: the United States and China, 1969–1989*, Stanford, Calif.: Standford University Press.

Shambaugh, David (2009), "Learning from Abroad to Reinvent Itself: External Influences on Internal CCP Reforms", Li, Cheng ed., *China's Changing Political Landscape: Prospects for Democracy*, Washington, D.C.: Brookings Institution Press.

Shirk, Susan L. (1994), *How China Opened Its Door: the Political Success of the PRC's Foreign Trade and Investment Reforms*, Washington, D.C.: Brookings Institution.

Sun, Yan (1995), *The Chinese reassessment of socialism, 1976–1992*, New Jersey: Princeton University Press.

Teiwes, Frederick C. & Sun, Warren (2011), "China's New Economic Policy under Hua Guofeng: Party Consensus and Party Myths," *The China Journal*, No. 66.

———— (2013), "China's Economic Reorientation after the Third Plenum: Conflict Surrounding "Chen Yun's" Readjustment Program, 1979–80," *The China Journal*, No. 70.

———— (2016), *Paradoxes of post-Mao rural reform: initial steps toward a new Chinese countryside, 1976-1981*, London: Routledge.

———— (2019), "Hua Guofeng, Deng Xiaoping, and Reversing the Verdict on the 1976 'Tiananmen Incident,'" *China Review*, Vol. 19, Number 4 .

Vogel, Ezra F. (2011), *Deng Xiaoping and the Transformation of China*, Cambridge, Mass: Belknap Press of Harvard University Press.

Walder, Andrew G. (1991), "Workers, Managers and the State: The Reform Era and the Political

Crisis of 1989", *The China Quarterly*, vol. 127.

Walder, Andrew G. (1992), *Popular protest in the 1989 democracy movement: the pattern of grass-roots organization*, Hong Kong: Hong Kong Institute of Asia-Pacific Studies, the Chinese University of Hong Kong.

Weber, Isabella M. (2021), *How China Escaped Shock Therapy: The Market Reform Debate*, London: Routledge.

Woo, Wing Thye (1994), "The Art of Reforming Centrally Planned Economies: Comparing China, Poland, and Russia", *Journal of Comparative Economics*, Vol.18, Issue 3.

Wu, Guoguang (2005), *The anatomy of political power in China*, Singapore: Marshall Cavendish Academic.

————— (2015a), *China's Party Congress: Power, legitimacy, and institutional manipulation*, Cambridge: Cambridge University Press.

————— (2015b), *Paradoxes of China's Prosperity: Political Dilemmas and Global Implications* (Vol. 19), Singapore: World Scientific.

————— (2017), *Globalization against democracy: A political economy of capitalism after its global triumph*, Cambridge: Cambridge University Press.

Wu, Guoguang & Lansdowne, Helen eds. (2008), *Zhao Ziyang and China's political future*, London: Routledge.

（河合 玲佳・宋 君宇）

人名索引

事 項 索 引

＊太字の事項は頻出するため，最初のページ数のみ，または主要なページ数のみを記した.

《執筆者紹介》（執筆順，＊は編著者）

＊中 村 元 哉（なかむら　もとや）［総論，1，2，あとがき］
　　東京大学大学院総合文化研究科博士課程修了，博士（学術）
　　現在，東京大学大学院総合文化研究科教授
　　主要業績
　　『対立と共存の日中関係史——共和国としての中国』（講談社，2017年）
　　『中華民国史研究の動向——中国と日本の中国近代史理解』（共編著，晃洋書房，2019年）
　　『概説 中華圏の戦後史』（共著，東京大学出版会，2022年）

　網 谷 龍 介（あみや　りょうすけ）［Column 1］
　　東京大学大学院法学政治学研究科修士課程修了，博士（法学）
　　現在，津田塾大学学芸学部教授
　　主要業績
　　『計画なき調整——戦後西ドイツ政治経済体制と経済民主化構想』（東京大学出版会，2021年）
　　『ヨーロッパ・デモクラシーの論点』（共編著，ナカニシヤ出版，2021年）
　　「比較司法政治から見た平成司法改革と日本の最高裁判所——最高裁判所裁判官の選考制度に注
　　　目して」（須網隆夫編『平成司法改革の研究——理論なき改革はいかに挫折したのか』岩波
　　　書店，2022年）

　ホルカ イリナ（HOLCA Irina）［Column 2］
　　大阪大学大学院文学研究科博士後期課程修了，博士（文学）
　　現在，東京外国語大学大学院国際日本学研究院准教授
　　主要業績
　　『島崎藤村 ひらかれるテクスト——メディア・他者・ジェンダー』（勉誠出版，2018年）
　　Forms of the Body in Contemporary Japanese Society, Literature, and Culture（共編著，Rowman
　　　and Littlefield，2020）
　　"Minor Exchanges: Romanian Anthologies of Translated Japanese Poetry Published during the
　　　Last Decades of the Communist Regime"（*Translation Studies: Retrospective and
　　　Prospective Views*, Vol. 12（24），2022）

　久保 茉莉子（くぼ　まりこ）［3，7］
　　東京大学大学院人文社会系研究科博士課程修了，博士（文学）
　　現在，埼玉大学教養学部・大学院人文社会科学研究科准教授
　　主要業績
　　『中国の近代的刑事裁判——刑事司法改革からみる中国近代法史』（東京大学出版会，2020年）
　　"Modern Chinese law from the perspective of Japanese legal academics: A discussion on
　　　criminal justice"（Chinese Studies in History 55/ 4，2022）
　　「戦時中国の法学界——日中戦争期における『法学雑誌』と『中華法学雑誌』の分析を中心に」（『東
　　　洋史研究』第81巻第4号，2023年）

吉 見　崇（よしみ　たかし）[4，10]
　　東京大学大学院総合文化研究科博士課程修了，博士（学術）
　　現在，東京経済大学全学共通教育センター准教授
主要業績
　　『中華民国史研究の動向——中国と日本の中国近代史理解』（共著，晃洋書房，2019年）
　　『中国司法の政治史 1928-1949』（東京大学出版会，2020年）
　　『台湾研究入門』（共著，東京大学出版会，2020年）

家 永 真 幸（いえなが　まさき）[5，6]
　　東京大学大学院総合文化研究科博士課程修了，博士（学術）
　　現在，東京女子大学現代教養学部教授
主要業績
　　『国宝の政治史——「中国」の故宮とパンダ』（東京大学出版会，2017年）
　　『中国パンダ外交史』（講談社，2022年）
　　『概説 中華圏の戦後史』（共著，東京大学出版会，2022年）

宋　君 宇（そう　くんう）[7]
　　東京大学大学院総合文化研究科地域文化研究修士課程修了
　　現在，東京大学大学院総合文化研究科博士課程

中 田 瑞 穂（なかだ　みずほ）[Column 3，Column 4]
　　東京大学大学院法学政治学研究科博士後期課程修了，博士（法学）
　　現在，明治学院大学国際学部教授
主要業績
　　『農民と労働者の民主主義——戦間期チェコスロヴァキア政治史』（名古屋大学出版会，2012年）
　　「第二次大戦後チェコスロヴァキアにおける人民の民主主義と政党間競合——国民社会党を中心
　　　に」（『スラヴ研究』65号，2018年）
　　「新しい社会の民主主義と政党——占領下と亡命政権のチェコスロヴァキア戦後構想」（網谷龍介・
　　　上原良子・中田瑞穂編『戦後民主主義の青写真——ヨーロッパにおける統合とデモクラシー』
　　　ナカニシヤ出版，2019年）

横 山 雄 大（よこやま　ゆうた）[8]
　　東京大学大学院総合文化研究科修士課程修了
　　現在，東京大学大学院総合文化研究科博士課程
主要業績
　　「1970年代大陸対外経済政策——以資源政策為中心」（『跨域青年学者台湾与東亜近代史研究論集』
　　　第 5 編，2021年）

河合玲佳（かわい　れいか）[9]
　東京大学大学院総合文化研究科修士課程修了
　現在，東京大学大学院総合文化研究科博士課程
主要業績
　「一九八〇年代日中関係再考──八六年中曾根康弘訪中を中心に」（『国際政治』197号，2019年）
　張沱生「歴史の回顧と啓示──日中関係の黄金期（1972-92年）」（単訳，波多野澄雄・中村元哉
　　　編『日中の「戦後」とは何であったか──戦後処理，友好と離反，歴史の記憶』中央公論新社，
　　　2020年）

比護　　遥（ひご　はるか）[11]
　京都大学大学院教育学研究科博士後期課程修了，博士（教育学）
　現在，日本学術振興会特別研究員PD
主要業績
　トーマス・S. マラニー『チャイニーズ・タイプライター──漢字と技術の近代史』（単訳，中央
　　　公論新社，2021年）
　「消費する読者への政治的期待──1930年代中国の読書雑誌を手掛かりに」（『マス・コミュニケー
　　　ション研究』第98号，2021年）
　「書籍と中国社会──焚書と読書のシンボリズム」（『中国──社会と文化』第38号，2023年）

松戸清裕（まつど　きよひろ）[Column 5]
　東京大学大学院人文社会系研究科博士課程単位修得退学，修士（文学）
　現在，北海学園大学法学部教授
主要業績
　『歴史のなかのソ連』（山川出版社，2005年）
　『ソ連史』（筑摩書房，2011年）
　『ソ連という実験──国家が管理する民主主義は可能か』（筑摩書房，2017年）

改革開放萌芽期の中国
──ソ連観と東欧観から読み解く──

2023年10月10日　初版第1刷発行　　＊定価はカバーに
　　　　　　　　　　　　　　　　　　表示してあります

編著者　　中　村　元　哉ⓒ
発行者　　萩　原　淳　平
印刷者　　河　野　俊一郎

発行所　株式会社　晃　洋　書　房
〒615-0026　京都市右京区西院北矢掛町7番地
電話　075(312)0788番(代)
振替口座　01040-6-32280

装幀　HON DESIGN（小守 いつみ）　印刷・製本　西濃印刷㈱
ISBN 978-4-7710-3776-2